OSAKA

오 사 카

CHALET Travel Book

CONTENTS

여행 정보 업데이트

살레트래블 무크 오사카의 내용은 2023년 6월까지 수집한 정보와 자료로 만들었습니다. 단, 책에 소개되어 있는 관광지와 숍, 레스토랑의 오픈 시간 및 요금, 교통편과 관련된 내용은 현지 사정에 따라 변경될 수 있습니다. 살레트래블북은 6개월 또는 1년마다 최신 정보가 업데이트된 개정판을 발행합니다.

GETTING STARTED OSAKA

오사카 매력 만점 골목길
- 레트로한 풍경의 카페 거리 가라호리 … 9
- 낭만적인 리버뷰 카페 거리 기타하마 … 13
- 저렴하고, 맛있고, 활기찬 텐마 … 15
- 한잔하기 부담 없는 골목 식당 오하츠텐진 우라산도 … 18

오사카의 맛 베스트 3
- 작지만 알찬 타코야키 … 21
- 재료도 소스도 내 취향대로 오코노미야키 … 24
- 맛있게 먹으면 0칼로리 쿠시카츠 … 27

오사카의 미식 열전
- 다양한 육수의 오사카 라멘 맛집 … 31
- 소박한 麵과 화려한 麵 우동의 다양성을 맛보다 … 33
- 오사카 문화가 담긴 스시 한 점 … 35
- 현지에서 맛보는 일본 스타일 양식 … 39
- 한 번 맛보면 반하게 되는 스파이스 카레 … 41
- 든든하고 맛있는 런치 타임 … 43

오사카 카페 즐기기
- 달콤한 유혹 디저트 카페 … 47
- 느림의 미학 WA CAFE … 49
- 한잔의 휴식 Tasty Coffee … 51

- 유니버설 스튜디오 재팬 … 53
- DRUGSTORE BEST 10 … 56
- CONVENIENCE STORE BEST 10 … 57
- OSAKA SOUVENIR BEST 10 … 58
- 오사카 유명 스위츠 … 59
- 오사카 여행 베스트 코스 … 60

이 책을 보는 방법

본문 정보
- 찾아가기
- 주소
- 전화번호
- 오픈 시간
- 요금
- 홈페이지

지도
- 관광명소
- 레스토랑
- 쇼핑
- 온천
- 사찰
- JR 및 지하철역
- 공항버스 승차장

GETTING AROUND OSAKA

난바	66
Namba Special 덴덴타운	72
난바 지도	74
도톤보리	75
Dotonbori Special 도톤보리, 이런 곳도 놓치지 말자!	78
도톤보리 지도	80
신사이바시	81
Shinsaibashi Special 오렌지 스트리트	84
신사이바시 지도	86
우메다	87
Umeda Shopping	91
우메다 지도	95
Umeda Special 나카자키초 카페거리	96
Umeda Special 기모노체험, 오사카 시립 주택 박물관	98
나카자키초 & 텐마 지도	99
기타하마 & 혼마치 지도	100
오사카 성	101
Osaka Castel Special 이자카야 토요	104
오사카성 지도 106	
텐노지	107
텐노지 지도	110
텐포잔 하버 빌리지	111

TRAVEL INFO OSAKA

한눈에 보는 오사카 기본 정보	114
오사카 여행 실용 정보	115
알아두면 좋을 간단 여행 TIP	116
오사카 교통	118
유용한 패스 및 승차권	119

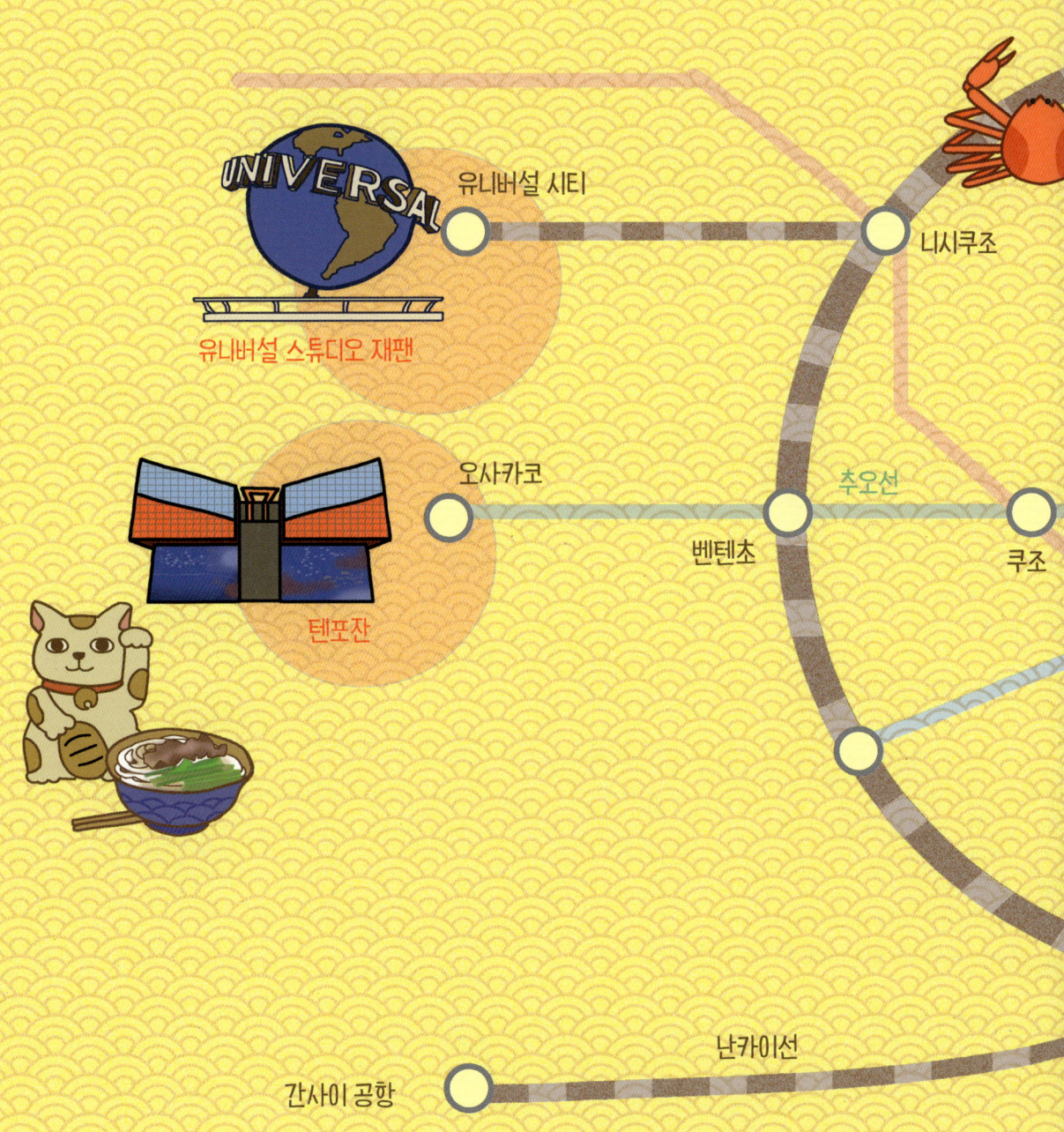

GETTING STARTED OSAKA

오사카 매력 만점 골목길

- 레트로한 풍경의 카페 거리 가라호리 空堀
- 낭만적인 리버뷰 카페 거리 기타하마 北浜
- 저렴하고, 맛있고, 활기찬 텐마 天満
- 한잔하기 부담 없는 골목 식당 오하츠텐진 우라산도 お初天神裏参道

오사카 매력 만점
골목길

레트로한 풍경의 카페 거리
가라호리 空堀

기라호리는 소탈한 서민의 삶이 고스란히 느껴지는 거리로, 복잡함을 잊고 편안한 마음으로 산책을 즐길 수 있다. 1970년대 분위기의 레트로한 거리 풍경 속 골목골목에서는 작지만 개성 있는 카페들이 툭툭 튀어나온다. 여유롭게 거닐다 눈에 들어오는 곳이 있으면 들어가서 나만의 시간을 즐겨보자.

📍 지하철 나가호리 츠루미료쿠치선長堀鶴見緑地線 마츠야마치松屋町역 3번 출구에서 도보 5분 / 다니마치 로쿠초메谷町六丁目역 3번 출구에서 도보 5분

모티에 MOITIÉ 케이크

엄선한 유기농 재료로 만든 고급스러운 맛의 케이크를 판매하는 케이크 전문점이다. 쇼케이스 안에는 보는 것만으로도 행복해지는 예쁜 케이크들이 가득하다. 케이크는 테이크 아웃만 가능하다.

- 🕐 11:00-19:00, 수요일 휴무, 비정기 휴무
- ☎ +816-6766-0156
- 🏠 大阪府大阪市中央区瓦屋町1-6-2 karahori惣

안즈 杏 anzu 베이커리 카페

아몬드를 비롯한 다양한 넛츠를 넣어 만든 쿠키, 피낭시에, 카눌레를 판매하는 베이커리 카페. 피낭시에, 카눌레, 선물하기 좋은 과자 세트, 넛츠 등을 판매한다. 영업일이 매달 조금씩 변경되므로 미리 확인하고 방문하자(www.instagram.com/anzu.nuts/).

- 🕐 11:00-16:00, 일~수요일 휴무
- ☎ +816-6710-4598
- 🏠 大阪市中央区瓦屋町1-4-15

쿠데리 카페 クーデリーカフェ 카페 & 잡화

오래된 건물을 개조, 약 10개의 숍과 레스토랑이 입점해 있는 가라호리 소karahori 惣에 있는 카페. 매일 바뀌는 메뉴의 런치(평일 790엔, 주말 900엔)와 수제 스콘, 케이크 등 디저트를 만나볼 수 있다. 아기자기한 잡화도 판매한다.

- 🕐 11:00-19:00, 수요일 휴무, 비정기 휴무
- ☎ +816-6762-5664
- 🏠 大阪府大阪市中央区瓦屋町1-6-2 karahori惣

그린 green 베이커리

1952년 오픈 이래 지금까지 지역 주민들에게 사랑받아온 빵집이다. 예쁘고 세련된 모양이 아닌 조금은 투박한 옛날 느낌의 빵들이지만 그 맛은 현지 방송 매체에 여러 번 소개될 정도로 보장된 곳이다.
- 08:00-20:00, 일요일, 공휴일 휴무
- +816-6761-1468
- 大阪府大阪市中央区谷町7-2-28

킨구 御食事処 きんぐ 우동

가라호리 거리와 어울리는 멋스러운 분위기의 우동 전문점이다. 쫄깃한 면발의 우동은 650~1000엔. 이곳은 특이하게도 생맥주, 와인, 니혼슈, 소주 등 다양한 알코올 메뉴를 갖추고 있다. 담백한 우동 맛이 의외로 여러 알코올과 잘 어울린다.
- 12:00-14:00, 18:00-22:30, 수, 토요일 17:30-22:30, 일요일 휴무
- +816-6767-8686
- 大阪府大阪市中央区谷町6-3-27

미치마사 카페 道勝cafe 카페

레트로하면서도 세련된 분위기의 카페. 소프트아이스크림, 치즈케이크, 가토 쇼콜라 같은 디저트부터 샌드위치, 카레 등 가볍게 식사할 수 있는 메뉴까지 다양하게 준비되어 있다.
- 10:00-17:30, 비정기 휴무
- +816-6796-9017
- 大阪府大阪市中央区谷町6-4-20

커피 허트 coffee HUT 카페

주인이 직접 로스팅한 커피를 맛볼 수 있는 자그마한 카페, HUT. '오두막'이라는 상호명과 어울리게 산속 오두막처럼 커피를 마시고 쉬어 갈 수 있는 따뜻한 분위기의 인테리어가 돋보인다. 커피와 곁들이기에 그만인 토스트(300엔~)와 치즈 케이크(400엔) 등의 메뉴도 준비되어 있다.

- 🕐 11:00-18:00, 수요일 휴무
- ☎ +816-6777-7891
- 🏠 大阪府大阪市中央区松屋町5-2

유이온 차호 結音茶舗 일본 차

100년 넘은 건물을 리노베이션한 일본 차 Cafe & Bar이다. 말차, 호지차, 현미차 등 일본 차와 차를 이용한 아이스크림, 생초콜릿 등이 있다. 저녁에는 차와 알코올이 어우러진 오리지널 칵테일을 제공하는데, 첫 잔은 차 맛을 음미하고, 두 번째 잔은 알코올을 섞은 칵테일로 즐길 수 있다. 런치 메뉴인 호지차로 지은 밥으로 만든 유부초밥 정식(ほうじいなり御膳, 1100엔)도 인기.

- 🕐 12:00-24:00(런치 12:00-15:00), 카페 15:00~18:00, 바 18:00-24:00, 월요일, 세 번째 화요일 휴무
- ☎ +816-4305-4926
- 🏠 大阪府大阪市中央区谷町6-14-2

空堀
가라호리

오사카 매력 만점 골목길

낭만적인 리버뷰 카페 거리
기타하마 北浜

오사카를 대표하는 번화가 우메다와 난바의 중앙에 위치한 기타하마는 레트로 느낌의 깊은 역사를 지닌 건물이 줄지어 있는 곳이다. 강변에 있는 트렌디한 카페와 일본의 정서가 느껴지는 멋진 카페들이 많다. 강변 테라스 좌석에 앉아 여유롭게 커피 한잔 즐겨보자.

📍 지하철 사카이스지선堺筋線, 게이한 본선京阪本線 기타하마北浜역 22번 출구에서 도보 5분

브루클린 로스팅 컴퍼니 ブルックリン ロースティング カンパニー 北浜 `커피 전문점`

2010년 뉴욕에서 탄생한 커피 브랜드로 환경을 생각하며 키운 원두로 만든 커피(418엔~)를 판매한다. 오사카 시에는 난바와 기타하마에 지점이 있는데, 특히 기타하마 지점은 테라스 좌석에서 강변을 바라보며 여유롭게 커피 한잔을 즐길 수 있어 인기다.

🕐 08:00~20:00, 토~일요일, 공휴일 08:00~19:00, 12/30~1/2 휴무, 비정기 휴무
☎ +816-6125-5740
🏠 大阪府大阪市中央区北浜1-1-9 ハウザー北浜ビル1F

모토 커피
モトコーヒー `카페`

1층 야외 좌석에 앉으려면 항상 오랜 시간을 기다려야 하는 기타하마의 인기 카페로, 다양한 나라의 원두커피(500엔~)를 즐길 수 있다. 2층에서는 큰 창으로 강변을 바라볼 수 있다.

🕐 11:00-18:00, 비정기 휴무
☎ +816-4706-3788
🏠 大阪府大阪市中央区北浜2-1-1 北浜ライオンビル

기타하마 레트로 北浜レトロ `홍차 전문점`

1912년 지어진 건물에 위치한 레트로 분위기의 홍차 전문점으로, 영국 전통 스타일의 애프터눈 티를 즐길 수 있다. 홍차와 스콘, 샌드위치, 케이크가 제공되는 영국식 애프터눈 티(アフタヌーンティー, 3200엔)가 대표 메뉴.

- 🕐 11:00-19:00, 토~일요일, 공휴일 10:30-19:00
- ☎ +816-6223-5858
- 🏠 大阪府大阪市中央区北浜1-1-26 北浜レトロビルヂング

고칸 五感 北浜本館 `베이커리 카페`

고풍스러운 고급 양과자점을 떠올리게 하는 내부가 매력적인 카페. 특히 딸기가 들어간 생크림 케이크(苺のショートケーキ, 1조각 756엔)가 인기다. 밤이 들어간 몽블랑과 망고 케이크 등 시즌별 상품도 선보이고 있다.

- 🕐 10:00-19:00, 비정기 휴무, 1월 1~3일 휴무
- ☎ +816-4706-5160
- 🏠 大阪府大阪市中央区今橋2-1-1 新井ビル

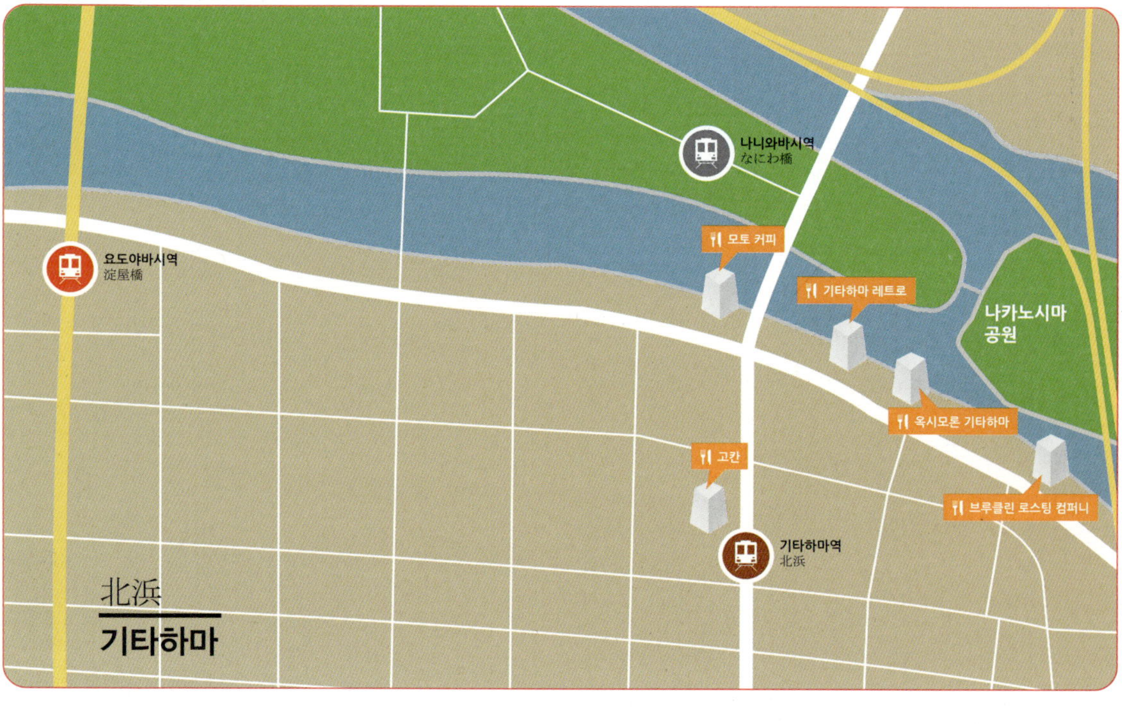

北浜
기타하마

GETTING STARTED OSAKA

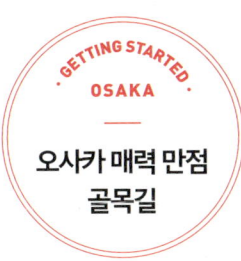

오사카 매력 만점 골목길

저렴하고, 맛있고, 활기찬

텐마 天満

일본에서 가장 긴 아케이드 상점가 텐진바시스지 상점가天神橋筋商店街 근처에 위치한 텐마에는 분위기 좋고 가성비가 뛰어난 상점이 밀집해 있다. 그중에서 상점가 서쪽에 있는 우라텐마裏天満에는 술 한잔하기 좋은 인기 레스토랑이 모여 있어 현지인과 관광객으로 항상 북적인다.

JR오사카 칸조선JR大阪環状線 텐마天満역에서 도보 5분

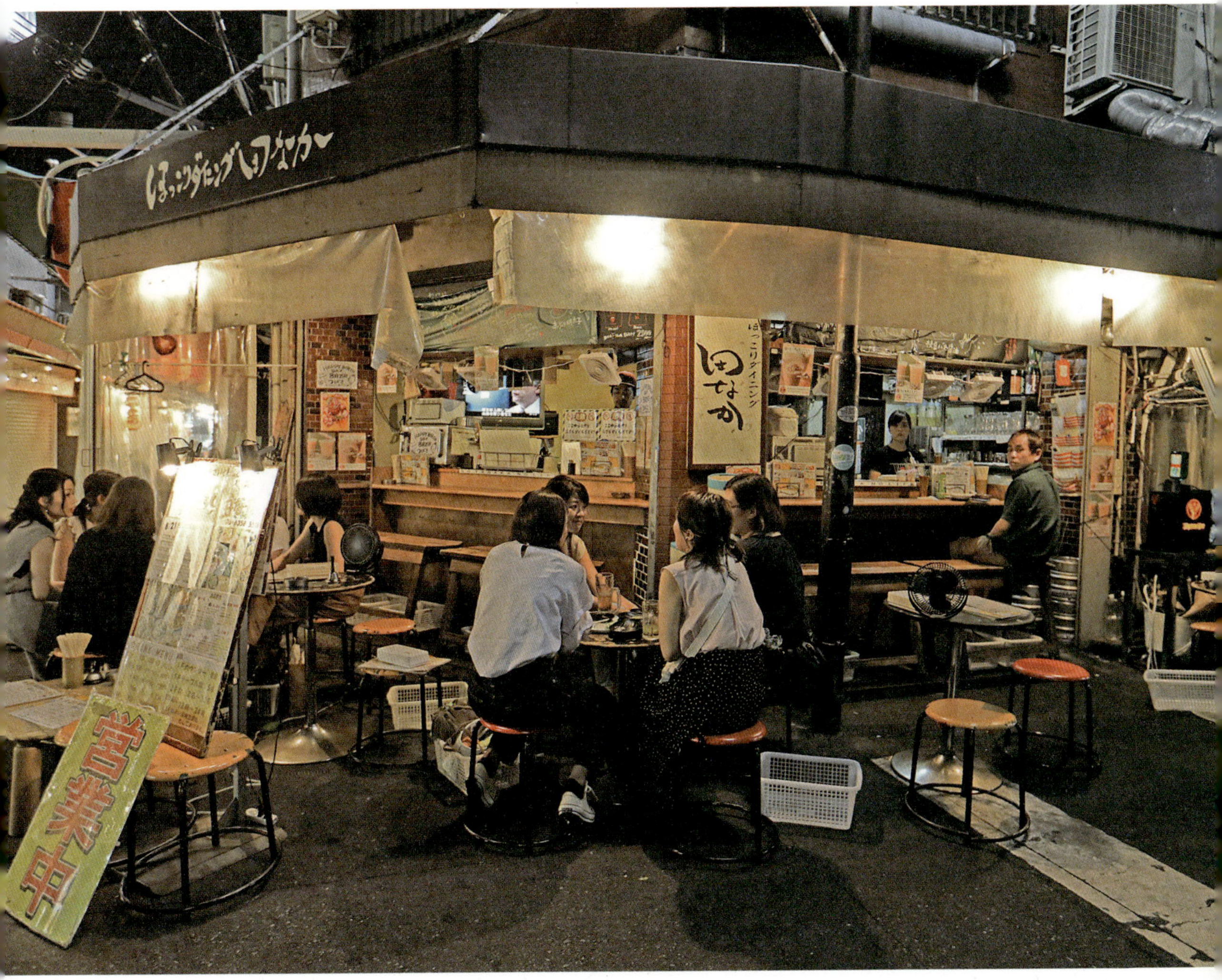

비어밸리 텐마 ビアベリー 天満 펍

오사카 로컬 브루어리인 미노비어의 직영점. 12m의 긴 카운터에서는 약 15가지 맥주(파인트 830엔~)를 만나볼 수 있다. 타파스, 그릴 요리 등 맥주와 어울리는 안주도 풍부하게 갖추고 있다.

- 🕒 15:00-24:00
- ☎ +816-6353-5005
- 🏠 大阪府大阪市北区池田町7-4

우마이야 うまい屋 타코야키

1953년 창업한 두 번째로 오래된 타코야키 집. 반죽에는 감칠맛의 육수를 사용해 소스 없이 타코야키(8개 460엔, 12개 690엔) 자체로도 맛있다. <미슐랭 가이드북>에도 소개된 적이 있다.

- 🕒 11:30-19:00(재료 소진 시 영업 종료), 화요일 휴무
- ☎ +816-6373-2929
- 🏠 大阪府大阪市北区浪花町4-21

하카타 쿠시야키 밧텐요카토오
博多串焼き バッテンよかとぉ 쿠시야키

10종류의 향신료와 간장을 이용한 비법 소스를 발라 숯에 구워 겉면은 바삭하고 안은 촉촉하게 구운 꼬치구이(串焼き, 1개 150엔~)가 인기다. 오후 5시 전에는 이벤트로 하이볼 1잔을 55엔에 즐길 수 있어 이른 저녁부터 붐빈다.

- 🕒 09:00-24:00
- ☎ +816-6358-1194
- 🏠 大阪府大阪市北区天神橋5-6-33 タニイ建物ビル1F(天満店)

치구사 오코노미야키 お好み焼き千草 오코노미야키

레트로 느낌의 가게에서 즐기는 오코노미야키. 돼지고기가 들어간 치구사야키(千草焼, 1050엔)가 인기이며, 철판 위에서 계속 따뜻하게 먹을 수 있는 새우 야키소바(えび焼そば, 850엔)도 추천한다.

- 🕒 11:00-21:00, 화요일 휴무
- ☎ +816-6351-4072
- 🏠 大阪府大阪市北区天神橋4-11-18

톳츠안 とっつあん 이자카야

오사카의 정취를 느낄 수 있는 선술집으로 싱싱한 해산물 요리가 풍부하다. 특히 새우, 붕장어, 오징어, 가지 등 주문과 함께 튀겨주는 튀김(天ぷら, 1개 110엔~)이 인기이며, 김밥 위에 쏟아져 내려올 정도로 해산물을 듬뿍 올려주는 스시(海鮮のっけ寿司, 1550엔)도 꼭 맛봐야 할 메뉴다.

- 🕐 17:30-23:00, 비정기 휴무
- ☎ +816-6351-4649
- 🏠 大阪府大阪市北区池田町6-15(天満店)

우에카와 미나미미세 上川 南店 이자카야

일본 현지 단골들로 항상 붐비는 이자카야. 해산물 요리와 꼬치 튀김 등 다양한 음식을 맛볼 수 있다. 인기 이자카야인 만큼 예약은 필수.

- 🕐 17:00-22:00, 일요일 휴무
- ☎ +816-6351-8248
- 🏠 大阪府大阪市北区天神橋5-4-11 2F

GETTING STARTED OSAKA

오사카 매력 만점 골목길

한잔하기 부담 없는 골목 식당
오하츠텐진 우라산도 お初天神裏参道

2015년 3월 유명 레스토랑이 츠유노텐 신사露天神社 뒷골목 사이사이로 모여 새로운 먹거리 골목 오하츠텐진 우라산도お初天神裏参道가 만들어졌다. 비스트로부터 이자카야까지 다양한 맛집 12곳이 모여 있는 이곳은, 가게 앞 테이블에 앉아 술 한잔하는 손님들로 붐비는 저녁 시간이면 색다른 풍경을 자아낸다.

📍 지하철 다니마치선谷町線 히가시우메다역東梅田駅 7번 출구에서 도보 4분

르 꼼뜨와 le comptoir 프렌치

전통 프렌치 요리를 타파스 사이즈로 즐길 수 있는 레스토랑이다. 엄선된 재료로 만든 요리는 작은 사이즈로 제공되어 와인과 곁들이기 그만이며 부담 없는 가격에 프렌치 요리를 맛볼 수 있어 인기.

🕐 월~금요일 17:00-23:00, 토, 일요일 16:00-22:00, 일요일, 공휴일 16:00-23:00, 월요일 휴무
☎ +816-6926-4567
🏠 大阪府大阪市北区曽根崎2-10-10 第2あーけるびる1F

니쿠야만노 にくや萬野 야키니쿠

오픈 주방을 둘러싼 카운터 좌석에서 야키니쿠를 즐길 수 있는 곳. 우수한 품종의 소만을 사용한 와규 전문점이다. 갈비カルビ 1인분 1200엔부터 다양한 가격대의 야키니쿠를 만나볼 수 있다.

🕐 17:00-23:00, 비정기 휴무
☎ +816-6131-0008
🏠 大阪府大阪市北区曽根崎2-10-9 1F

たゆたゆ

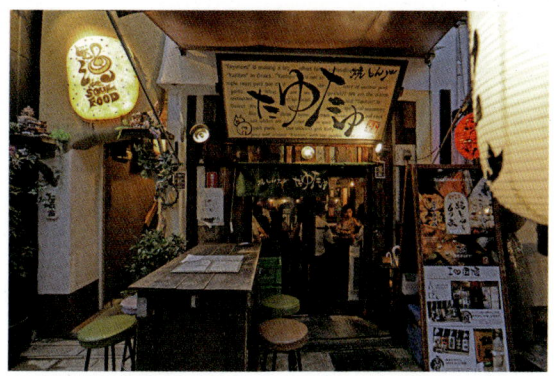

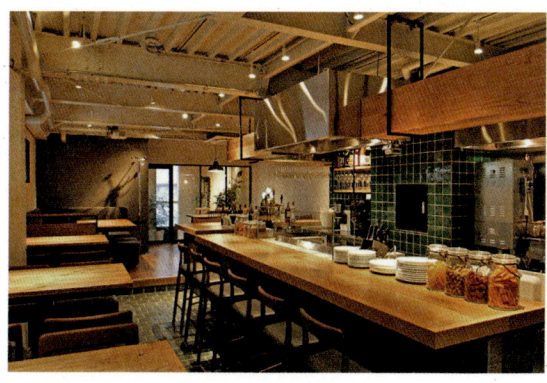

야키톤야 타유타유 焼きとんya たゆたゆ 꼬치구이

돼지 내장과 고기를 이용한 꼬치구이 전문점. 돼지 귀와 목 쪽 특수 부위를 이용한 꼬치도 맛볼 수 있다. 1개 130~260엔 정도의 부담 없는 가격의 꼬치도 단연 인기이지만 돼지 내장과 된장을 오랜 시간 끓여낸 모츠니코미(もつ煮込み, 396엔)도 사랑받고 있다.

- 17:00-01:00, 비정기 휴무, 12월 31일~1월 1일 휴무
- +816-6365-8108
- 大阪府大阪市北区曽根崎2-10-7 1F

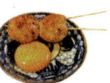

텟쿤 鉄燻 CHOI URASAN 훈제 요리

육류와 생선뿐만 아니라 채소부터 치즈까지 다양한 재료를 훈제하는 훈제 전문점. 훈제한 재료를 철판에 구워줌으로써 보다 깊은 맛과 향을 느낄 수 있다. 5가지 훈제 고기를 맛볼 수 있는 훈제 모둠 고기(燻製肉盛, 2500엔)가 인기 메뉴다.

- 17:00-24:00, 금~토요일 15:00-23:00, 비정기 휴무
- +81-50-5385-3810
- 大阪府大阪市北区曽根崎2-10-10 第2あーけるビル3F

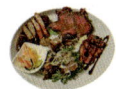

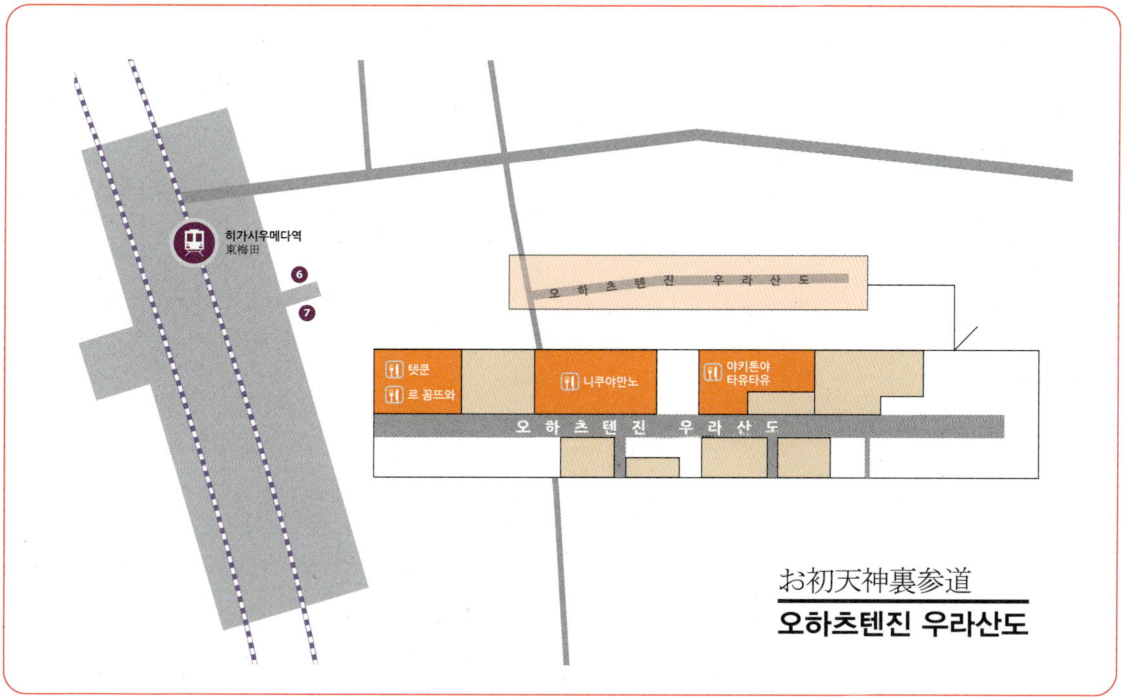
히가시우메다역
東梅田
6
7
오 하 츠 텐 진 우 라 산 도
텟쿤
르 꼼뜨와
니쿠야만노
야키톤야
타유타유
오 하 츠 텐 진 우 라 산 도
お初天神裏参道
오하츠텐진 우라산도

오사카의 맛 베스트 3

- **타코야키** たこ焼き
- **오코노미야키** お好み焼き
- **쿠시카츠** 串カツ

GETTING STARTED OSAKA
오사카의 맛 베스트 3

작지만 알찬
타코야키

타코야키는 1930년대 오사카에서 시작된 서민 음식으로, 오사카 거리를 거닐다 보면 쉽게 만날 수 있는 길거리 간식이다. 육수와 밀가루를 섞은 반죽을 틀에 부은 후 문어와 생강, 파 등을 넣고 탁구공만 한 크기로 구워내어, 그 위에 간장 소스와 마요네즈, 김 가루를 뿌려 먹는다. 색다른 토핑으로는 파, 명란 마요, 치즈 등을 올린 것도 별미다.

◆ 토핑별 타코야키 ◆

기본

소스

명란 마요

치즈

파

고추냉이

코가류 타코야키 본점 甲賀流 アメリカ村本店 신사이바시

<미슐랭 가이드>에도 소개될 만큼 유명한 타코야키 집. 사과와 양파를 베이스로 한 소스와 마요네즈를 함께 뿌린, 창업 당시부터 변함없는 맛의 소스마요(ソースマヨ, 10개 500엔)가 인기다.

- 지하철 요츠바시선四つ橋線 요츠바시四ツ橋역 5번 출구에서 도보 3분
- 10:30-20:30, 토요일 10:30-21:30
- +816-6211-0519
- 大阪府大阪市中央区西心斎橋2-18-4

칸칸 かんかん 텐노지

잔잔요코초에 있는 타코야키 집으로 일본 여러 매체에 소개된 인기 맛집이다. 가게 앞 작은 테이블에 서서 먹거나 테이크 아웃만 가능하다. 8개가 들어간 1접시가 450엔으로 다른 타코야키 집에 비해 금액이 조금 저렴한 편이다.

- JR칸조선JR環状線 신이마미야新今宮역 동쪽 출구에서 도보 5분 / 지하철 미도스지선御堂筋線, 사카이스지선堺筋線 도부츠엔마에動物園前역 1번 출구에서 도보 5분
- 10:00-19:30, 월~화요일 휴무
- +816-6636-2915
- 大阪府大阪市浪速区恵美須東3-5-16

하나다코 はなだこ 우메다

알싸한 맛의 파 토핑이 듬뿍 들어간 네기마요(ねぎマヨ, 610엔~) 타코야키가 인기다. 아삭아삭한 파의 식감과 개운한 맛이 일품이다.

- 지하철 미도스지선御堂筋線 우메다梅田역 2번 출구 앞 신우메다 식당가新梅田食道街 내 위치
- 10:00-22:00
- +816-6361-7518
- 大阪府大阪市北区角田町9-26 新梅田食道街1F

아이즈야 元祖たこ焼き 会津屋 <mark>우메다</mark>

타코야키 원조 집으로 소스와 가쓰오부시가 없는 심플한 맛의 타코야키로 유명하다. 간판 메뉴로는 원조 타코야키(元祖たこ焼き, 15개 620엔)가 있다.

- 📍 JR오사카大阪역, 미도스지선御堂筋線 우메다 梅田역에서 도보 5분
- 🕐 11:00-22:00
- ☎ +816-6867-7013
- 🏠 大阪市北区角田町7-10 HEP NAVIO 1F(梅田 HEP NAVIO店)

타코리키 たこりき <mark>가라호리</mark>

길거리 간식의 타코야키가 근사한 안주로 탈바꿈해 멋스러운 바에서 와인과 함께 타코야키(14개 1100엔)를 즐길 수 있다. 타코야키를 응용한 타코야키 그라탕(たこやきグラタン, 950엔), 소금 치즈 타코야키(塩チーズたこやき, 7개 750엔)도 별미다.

- 📍 지하철 나가호리 츠루미료쿠치선長堀鶴見緑地線 마츠야마치松屋町역 3번 출구에서 도보 6분
- 🕐 12:00-17:00, 18:00-24:00, 화요일 18:00-24:00, 월요일 휴무
- ☎ +816-6191-8501
- 🏠 大阪府大阪市中央区瓦屋町1-6-1

GETTING STARTED OSAKA
오사카의 맛 베스트 3

재료도 소스도 내 취향대로
오코노미야키

오사카에 간다면 무조건 먹어봐야 할 음식, 오코노미야키. 밀가루에 육수와 양배추, 해산물, 고기 등의 각종 재료를 넣어 만든 일본식 빈대떡으로 오사카가 원조다. 가장 인기 있는 메뉴는 돼지고기, 오징어, 새우가 들어간 스페셜이며, 오코노미야키 이름의 뜻이 자기 취향(오코노미お好み)에 맞춰 구워(야키焼き) 먹는다는 것처럼 요즘에는 떡, 옥수수, 김치, 낫토 등 다양한 재료를 넣은 오코노미야키도 만나볼 수 있다. 또한 오코노미야키의 변형 버전으로 우동 면을 넣어주는 모단야키モダン焼き도 인기다.

✦ 오코노미야키 만드는 법 ✦

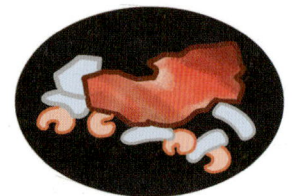

먼저 고기와 해산물을 기름 두른 철판에 잘 볶는다.

볶은 고기와 해산물을 반죽에 넣고 잘 섞는다.

철판에 기름을 두르고 잘 섞은 반죽을 두툼하게 얹는다.

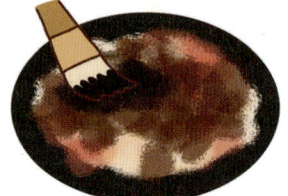

뒤집어가며 잘 익혀준 후 오코노미야키 소스를 바른다.

기호에 맞게 가쓰오부시, 김 가루, 마요네즈 등을 뿌리면 완성!

치보 센니치마에 본점 千房 大阪千日前本店 난바

오사카에서 가장 대중적인 체인. 1973년 문을 연 이후 일본 전역뿐만 아니라 해외 여러 곳에도 진출하고 있다. 인기 메뉴는 돼지고기와 해산물이 들어간 도톤보리야키(道頓堀焼, 1850엔)다.

- 지하철 미도스지선御堂筋線, 요츠바시선四つ橋線, 센니치마에선千日前線 난바なんば역 E9번 출구에서 도보 4분
- 11:00~22:00
- +816-6643-0111
- 大阪府大阪市中央区難波千日前11-27 道風ビル1F

오카루 お好み焼 おかる 난바

오코노미야키 위에 마요네즈로 도라에몽과 오사카를 대표하는 건물을 그려주는 서비스로 유명한 오코노미야키 전문점. 물론 맛 또한 훌륭하다. 대표 메뉴는 오코노미야키 스페셜(スペシャル, 1500엔).

- 지하철 미도스지선御堂筋線, 요츠바시선四つ橋線, 센니치마에선千日前線 난바なんば역 B24번 출구에서 도보 2분
- 12:00~15:00, 17:00~22:00, 목요일, 세 번째 수요일 휴무
- +816-6211-0985
- 大阪府大阪市中央区難波千日前1-9-19

미즈노 美津の 도톤보리

항상 대기 줄이 끊이지 않는 미슐랭 1스타 맛집. 참마를 이용한 반죽으로 바삭하며 부드러운 식감이 특징이다. 인기 메뉴는 참마 100% 반죽에 돼지고기가 들어간 오코노미야키(山芋焼, 1680엔)다.

- 지하철 미도스지선御堂筋線, 요츠바시선四つ橋線, 센니치마에선千日前線 난바なんば역 B22번 출구에서 도보 2분
- 11:00~22:00, 1월 1일 휴무, 비정기 휴무
- +816-6212-6360
- 大阪府大阪市中央区道頓堀1-4-15

네기야키 야마모토 ねぎ焼 やまもと 우메다

파가 듬뿍 들어간 알싸한 맛의 오코노미야키로 인기를 얻고 있는 곳. 인기 메뉴는 소 힘줄과 파가 함께 들어간 스지네기(すじねぎ, 1210엔).

- 한큐선阪急線 한큐 우메다梅田역 H28번 출구에서 도보 2분
- 11:30~22:00, 비정기 휴무
- +816-6131-0118
- 大阪府大阪市北区角田町3-25 エスト1F(梅田エスト店)

아지노야 味乃家 도톤보리

일본 연예인들도 많이 찾는 맛집으로, 특히 세트 메뉴가 있어 저렴한 가격에 다양한 메뉴를 맛볼 수 있다. 인기 있는 B세트는 오코노미야키, 야키소바, 네기야키가 포함된 푸짐한 세트로 3990엔.

- 지하철 미도스지선御堂筋線, 요츠바시선四つ橋線, 센니치마에선千日前線 난바なんば역 14번 출구에서 도보 2분
- 11:00~22:00, 금~토요일 11:00~22:30, 월요일 휴무, 비정기 휴무
- +816-6211-0713
- 大阪府大阪市中央区難波1-7-16 現代こいさんビル2F

유카리 소네자키 혼텐 お好み焼 ゆかり 曾根崎本店 우메다

1950년 창업, 주말 식사 시간에는 예약하지 않으면 오랜 웨이팅을 감수해야 하는 인기 맛집이다. 새우 머리가 통째로 들어간 오코노미야키 에비타마(エビ玉, 1150엔)가 인기다.

- 지하철 다니마치선谷町線 히가시우메다東梅田역 4번 출구에서 도보 1분
- 11:00~23:00, 비정기 휴무
- +816-6311-0214
- 大阪府大阪市北区曾根崎2-14-13

GETTING STARTED OSAKA
오사카의 맛 베스트 3

맛있게 먹으면 0칼로리

쿠시카츠

쿠시카츠는 각종 채소와 고기, 새우, 소시지 등을 꼬치에 꽂아 달걀 물과 빵가루를 묻혀 튀긴 음식으로 오사카에서 탄생했다. 꼬치(1개 100엔~) 값이 저렴해 오사카 시민들에게 사랑받고 있다. 기름에 튀겨 바삭한 쿠시카츠는 치킨처럼 생맥주와 찰떡궁합이다.

쿠시카츠 사쿠라 본점
串カツ さくら 本店 `난바`

쌀가루 100%를 이용해 튀긴 이곳의 쿠시카츠는 얇은 피로 더욱 바삭한 것이 특징이다. 또한 깨끗한 기름에 튀기기 때문에 재료 본연의 향을 느낄 수 있다. 인기 메뉴는 모차렐라 치즈 꼬치(モッツァレラチーズ, 320엔)다.

- 📍 지하철 미도스지선御堂筋線 난바なんば역 E5번 출구에서 도보 5분
- ⏰ 11:30-22:30, 토~일요일, 공휴일 11:00-22:30
- ☎ +816-6630-8039
- 🏠 大阪府大阪市中央区難波 3-1-18

마츠바 본점 松葉総本店 _{우메다}

선술집 형태의 쿠시카츠 집으로 저렴한 가격에 현지인과 관광객으로 항상 붐비는 곳이다. 소고기뀐는 110엔, 비엔나소시지윈인너, 새우海老, 오징어이까는 160~180엔으로 대부분 메뉴가 저렴한 편이다.

- 지하철 미도스지선御堂筋線 우메다梅田역 2번 출구 앞 신우메다 식당가新梅田食道街 내 위치
- 14:00~22:00, 토~일요일, 공휴일 11:00~21:30, 1월 1~3일 휴무
- +816-6312-6615
- 大阪府大阪市北区角田町9-20

쿠시카츠 다루마 신세카이 본점 だるま 新世界総本店 _{텐노지}

쿠시카츠 원조로 알려진 곳으로 유명한 만큼 한국어 메뉴판도 구비되어 있다. 쿠시카츠(120~370엔)는 물론이고 된장으로 맛을 낸 소 힘줄 조림인 도테야키(名物どて焼き, 440엔)도 별미다. 도톤보리에도 지점이 있어 많은 관광객이 방문한다.

- 지하철 사카이스지선堺筋線 에비스초恵美須町역 2번 출구에서 도보 4분
- 11:00~22:30, 12월 31일 11:00~20:00, 1월 1일 휴무
- +816-6645-7256
- 大阪府大阪市浪速区恵美須東2-3-9

롯카쿠테이 六覺燈 _{난바}

코스로만 제공되는 고급 쿠시카츠 레스토랑. 일본 전국 각지에서 공수해온 재료 본연의 맛을 살린 쿠시카츠가 코스(おまかせコース, 9200엔~)로 제공된다.

- 지하철 사카이스지선堺筋線, 센니치마에선千日前線 닛폰바시日本橋역 10번 출구에서 도보 2분
- 17:00~22:00, 수요일, 연말연시 휴무
- +816-6633-1302
- 大阪府大阪市中央区日本橋1-21-16 たこそうビル2F

야에카츠 八重勝 `텐노지`

현지인도 줄 서서 먹는 쿠시카츠 인기 집으로 텐노지에만 본점과 분점이 있다. 꼬치 가격은 100~450엔이며 그중 인기 메뉴는 소고기 꼬치 3개 세트(牛肉串カツ 3本, 390엔)다.

- 지하철 미도스지선御堂筋線, 사카이스지선堺筋線 도부츠엔마에動物園前역 1번 출구에서 도보 2분
- 10:30-20:30, 목요일, 휴무
- +816-6643-6231
- 大阪府大阪市浪速区恵美須東3-4-13

시치후쿠진 본점 七福神 本店 `텐마`

텐마역 부근 좁은 골목길에 있어 옛 느낌의 로컬 분위기가 매력적인 곳이다. 쿠시카츠는 110~385엔이며 7개 세트串カツ7種는 1300엔이다.

- JR오사카 칸조선JR大阪環状線 텐마天満역에서 도보 2분
- 13:00-23:00, 토~일요일, 공휴일 11:00-23:00, 월요일 휴무
- +816-6881-0889
- 大阪府大阪市北区天神橋5-7-29

✦ 쿠시카츠 먹을 때 주의 사항 ✦

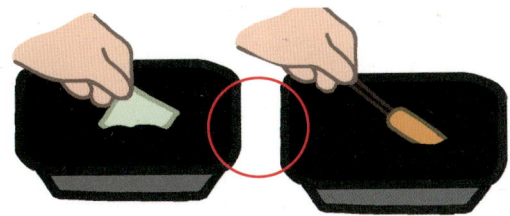

쿠시카츠를 소스에 듬뿍 찍어 접시에 올린다.

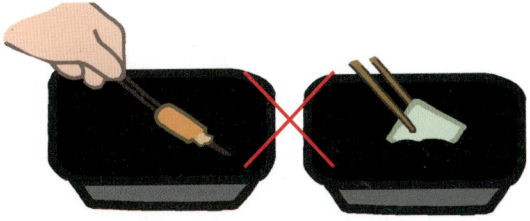

먹던 쿠시카츠를 다시 담그지 않는다. 소스가 부족할 경우 사이드로 나온 양배추로 찍어 쿠시카츠에 묻혀준다. 사용하던 젓가락을 소스 통에 넣는 것도 안 된다.

GETTING STARTED OSAKA
오사카의 미식 열전

다양한 육수의
오사카 라멘 맛집

오사카 라멘은 대부분 돼지 뼈와 닭을 오랜 시간 고아서 만든 육수를 베이스로 한다. 그러나 이 외에도 된장, 간장, 소금 등으로 맛을 낸 다양한 육수가 있으니 입맛에 맞는 라멘을 찾아보는 것도 하나의 재미다. 최근에는 멸치와 새우 등 해산물로 만든 육수와 유니크한 재료로 만든 다양한 라멘도 속속 선보이고 있다.

멘야 조로쿠 麵屋 丈六 난바

블랙 쇼유 라멘으로 유명한 곳이다. 맑은 닭 육수에 진한 간장으로 맛을 낸 까만 라멘 국물이 인상적인 추카소바(中華そば, 800엔)가 인기다. 진한 돼지 뼈 육수가 입맛에 맞지 않는다면 이곳을 도전해보는 것도 좋다.

- 난카이 본선南海本線 난카이 난바南海なんば역 남쪽 출구에서 도보 3분
- 11:30-15:00, 18:00-21:00, 수요일 휴무
- +816-6643-6633
- 大阪府大阪市中央区難波千日前6-16

봇코시 ぼっこ志 신사이바시

삼계탕처럼 뽀얀 국물이 특징인 라멘 맛집이다. 닭을 오랜 시간 푹 고아 만든 육수로 느끼함보다 담백하면서도 고소한 맛이 일품인 도리바이탄(鶏白湯, 780엔)이 인기 메뉴다.

- 지하철 미도스지선御堂筋線, 요츠바시선四つ橋線, 센니치마에선千日前線 난바なんば역 B8번 출구에서 도보 5분
- 11:30-14:30, 18:00-23:30, 수요일 휴무
- +816-6213-8570
- 大阪府大阪市中央区西心斎橋2-6-10

킨류 라멘 金龍ラーメン <mark>도톤보리</mark>

커다란 용이 있는 간판으로 도톤보리에서 가장 눈에 띄는 라멘 집이다. 돼지 뼈와 닭을 푹 삶아 만든 국물의 라멘(ラーメン, 800엔)이 느끼하게 느껴진다면 마음껏 리필할 수 있는 김치와 마늘을 곁들이면 된다.

- 지하철 미도스지선御堂筋線, 요츠바시선四つ橋線, 센니치마에선千日前線 난바なんば역 B22번 출구에서 도보 3분
- 24시간 영업
- +816-6211-6202
- 大阪府大阪市中央区道頓堀1-7-26(道頓堀店)

라멘 야시치 らーめん 弥七 <mark>우메다</mark>

닭 육수를 베이스로 한 쇼유 차슈멘(醤油チャーシュー麺, 1090엔)이 대표 메뉴로, 간장으로 맛을 낸 육수와 토치로 구운 닭고기 토핑으로 먹음직스러운 비주얼을 자랑한다. 라멘으로 부족하다면 고기가 듬뿍 올라간 차슈동 헤타메시(ヘタめし, 390엔)도 추천한다.

- 지하철 미도스지선御堂筋線 나카츠中津역 1번 출구에서 도보 3분
- 10:45-16:00, 토~일요일, 공휴일 휴무
- +816-6373-0035
- 大阪府大阪市北区豊崎3-4-8

모에요멘스케 燃えよ麵助 <mark>신후쿠시마</mark>

간장 베이스 라멘 기슈카모소바(紀州鴨そば, 950엔)는 다른 곳과 다르게 오리고기 차슈가 토핑으로 올려져 있다. 레어로 익힌 오리고기와 부드러운 단맛의 육수가 한층 깊은 풍미를 살려준다.

- JR토자이선JR東西線 신후쿠시마新福島역 1번 출구에서 도보 2분
- 11:30-15:00, 18:00-21:00, 일요일 11:30-16:00, 월요일 휴무
- +816-6452-2101
- 大阪府大阪市福島区福島5-12-21

산쿠 烈志笑魚油 麺香房 三く <mark>신후쿠시마</mark>

진한 멸치 육수로 항상 인기 톱클래스인 라멘 맛집. 감칠맛과 시원한 육수의 라멘(かけラーメン, 950엔)이 인기이지만, 색다른 라멘 맛을 원한다면 농후한 육수에 면을 찍어 먹는 츠케멘(つけ麺, 1000엔)도 추천한다. 재료 소진 시 문을 닫는다.

- JR토자이선JR東西線 신후쿠시마新福島역 2번 출구에서 도보 2분
- 11:40-14:30, 18:40-23:30, 화요일 휴무, 비정기 휴무
- +816-6451-4115
- 大阪府大阪市福島区福島2-6-5

GETTING STARTED OSAKA
오사카의 미식 열전

소박한 麵과 화려한 麵
우동의 다양성을 맛보다

오사카 지역의 우동은 간장, 다시마, 가쓰오부시, 멸치 등으로 우려낸 육수로 맑고 개운한 맛이 특징이다. 면과 유부가 올라간 심플한 우동도 있지만, 각종 채소와 새우, 오징어를 튀긴 고명을 얹어주거나 육수 대신 차가운 간장 소스를 면에 부어 먹는 붓카케 우동ぶっかけうどん도 인기다.

도톤보리 이마이 道頓堀今井 本店 `도톤보리`

홋카이도산 천연 다시마로 만든 담백한 국물과 달콤한 유부가 올라간 키츠네 우동(きつねうどん, 880엔)으로 유명한 우동 맛집. 1946년에 창업해 한결같은 맛으로 사랑받고 있는 곳이다.

- 지하철 미도스지선御堂筋線, 요츠바시선四ツ橋線, 센니치마에선千日前線 난바なんば역 B16번 출구에서 도보 3분
- 11:30-21:30, 수요일 휴무
- +816-6211-0319
- 大阪府大阪市中央区道頓堀1-7-22

우동 보우 うどん棒 `우메다`

우메다역 지하에 위치한 우동 맛집으로 시원한 붓카케 우동을 만나볼 수 있다. 큼직한 새우와 채소 튀김, 어묵 튀김, 달걀이 푸짐하게 올라간 냉우동 치쿠타마 히야텐(ちく玉ひや天, 1250엔)이 인기다.

- 지하철 다니마치선谷町線 히가시우메다東梅田역 오사카 스테이션 제3빌딩 지하 2층 F37-2
- 11:00-15:00, 17:30-20:00, 토~일요일, 공휴일 11:00-15:00(재료 소진 시 영업 종료), 비정기 휴무
- +816-6458-5518
- 大阪府大阪市北区梅田1-1-3 第3ビルB2F F37-2

기타타케 우동 き田たけうどん <mark>난바</mark>

일본 미디어에도 자주 소개된 인기 맛집으로, 유명 우동 집 가마타케 우동의 오너가 새로 론칭했다. 인기 메뉴는 소고기와 돼지고기가 듬뿍 토핑된 고기 붓카케(炙り牛トンぶっかけ, 1100엔).

- 난카이 본선南海本線 난카이南海난바なんば역 남쪽 출구에서 도보 2분
- 11:00-15:00(재료 소진 시 영업 종료), 월요일 휴무
- +816-7509-4392
- 大阪府大阪市浪速区難波中2-4-17

가마타케 우동 釜たけうどん <mark>우메다</mark>

사누키 우동 스타일로 두껍고 쫄깃한 면발이 특징인 우동 집. 어묵 튀김과 반숙 달걀 튀김이 올라간 치쿠타마텐 붓카케(ちく玉天ぶっかけ, 830엔)가 인기다.

- 지하철 미도스지선御堂筋線 우메다梅田역 2번 출구 앞 신우메다 식당가新梅田食道街 내 위치
- 11:00-20:00
- +816-6363-7746
- 大阪府大阪市北区角田町9-25 新梅田食道街1F

도쿠 마사 得正 <mark>오사카 성</mark>

오사카 성 근처 레스토랑 중 한국인에게 가장 많이 알려진 우동 집. 쫄깃한 면발과 카레 국물의 조합이 좋다. 카레 우동(カレーうどん, 700엔)에는 고기, 돈가스, 게살 크로켓 등 다양한 토핑을 추가할 수 있다.

- 지하철 추오선中央線, JR오사카 칸조선JR大阪環状線 모리노미야森ノ宮역 2번 출구에서 도보 2분
- 11:00-15:00, 월요일 휴무, 12월31일~1월3일 휴무
- +816-6942-1903
- 大阪府大阪市中央区森ノ宮中央1-6-22(森ノ宮店)

타케우치 우동 たけうちうどん店 <mark>우메다</mark>

오사카에서 소문난 우동 맛집. 굵고 탱탱한 면발과 고소하고 바삭한 닭튀김의 조화가 환상인 우동 토리텐 붓카케(とり天うどんぶっかけ, 980엔)가 인기 메뉴. 음식 촬영은 가능하나 실내 촬영은 불가하니 주의하자.

- 지하철 미도스지선御堂筋線 나카츠中津역 1번 출구에서 도보 5분
- 11:30-14:30, 18:00-21:00, 일요일, 공휴일 휴무
- +816-6375-0324
- 大阪府大阪市北区豊崎5-2-19

GETTING STARTED OSAKA

오사카의 미식 열전

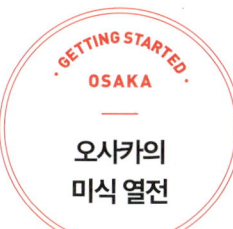

오사카 문화가 담긴

스시 한 점

일본 대표 요리라고 하면 단연 스시를 떠올릴 것이다. 오사카 지역 역시 스시로 유명한 가게가 많다. 특히 회전 스시를 처음 도입한 곳이 오사카로 많은 회전 스시 집을 만나볼 수 있다. 신선하면서 저렴하기까지 한 가성비 좋은 가게부터 카운터에 앉아 풀코스로 만나볼 수 있는 고급 맛집까지 취향에 맞는 스시 집을 골라보자.

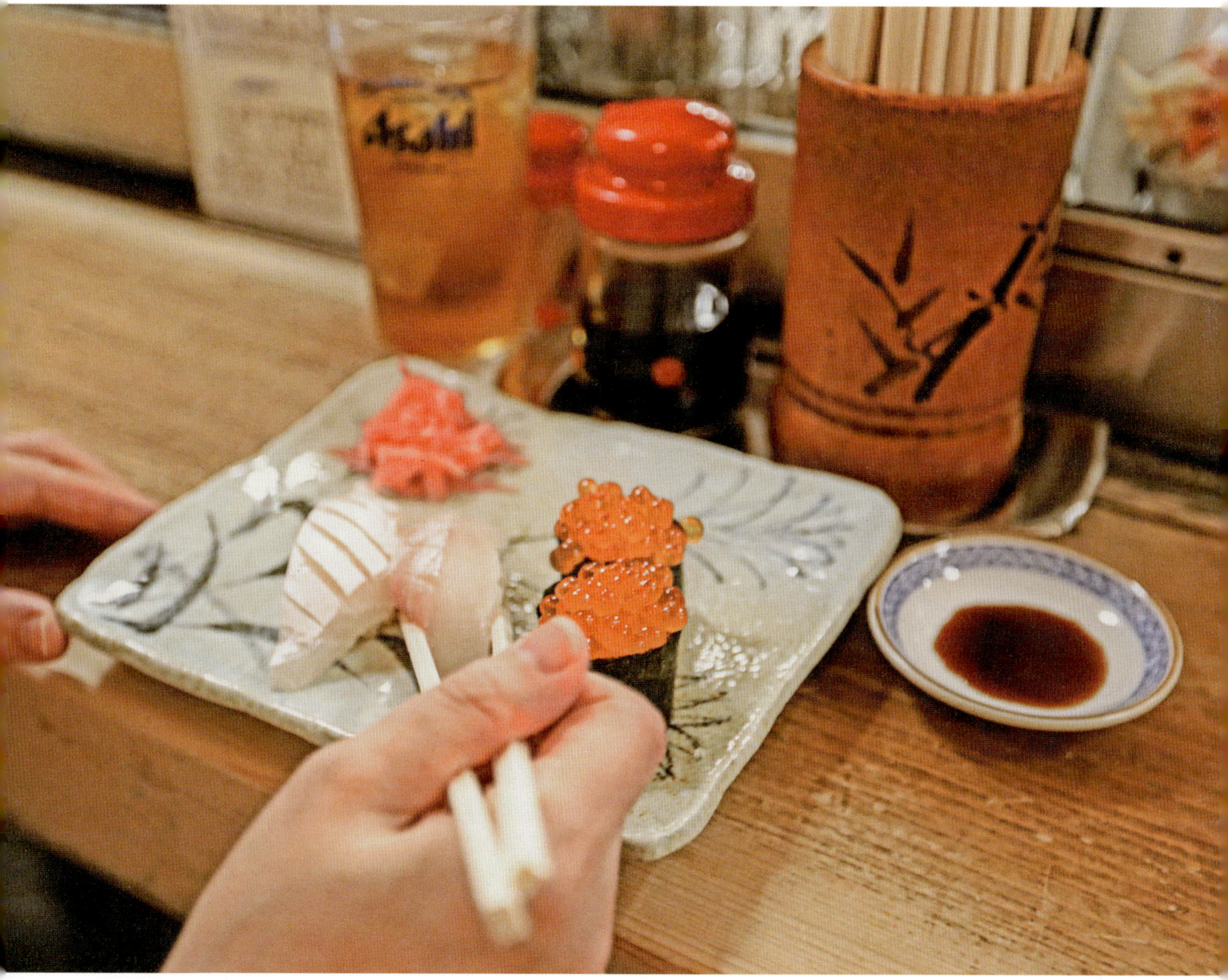

겐로쿠 스시 元禄寿司 도톤보리

1958년 세계 최초로 오픈한 회전 초밥 집. 도톤보리를 포함해 오사카 내 다수의 점포를 보유하고 있다. 저렴하면서도(1접시 143엔~) 맛도 있어 현지인은 물론 관광객으로 항상 붐비는 곳이다.

- 지하철 미도스지선御堂筋線, 요츠바시선四つ橋線, 센니치마에선千日前線 난바なんば역 B18번 출구에서 도보 5분
- 11:15-22:30, 토~일요일, 공휴일 10:45-22:45
- +816-6211-8414
- 大阪府大阪市中央区道頓堀1-6-9(道頓堀店)

요시노 스시 吉野鮓 혼마치

흔히 알고 있는 니기리握り 스시가 아닌 상자로 모양을 낸 하코즈시箱寿司 유명점. 특히 고등어가 들어가 사바즈시(鯖寿司, 1836엔)가 인기 메뉴이다. 숙성된 스시로 일반 스시보다 향이 강하며 염도가 높은 편이다.

- 지하철 미도스지선御堂筋線, 요츠바시선四つ橋線 혼마치本町역 3번 출구에서 도보 7분
- 09:30-18:00, 토~일요일, 공휴일 휴무
- +816-6231-7181
- 阪府大阪市中央区淡路町3-4-14

카메 스시 총본점 亀すし 総本店 우메다

1954년 오픈, 우메다 지역에서 인기 있는 스시 맛집이다. 특히 신선한 스시 재료로 한국인에게 만족도가 높다. 1접시에 400~750엔까지 가격대는 조금 높지만 맛은 보장된다.

- 지하철 다니마치선谷町線 히가시우메다東梅田역 4번 출구에서 도보 4분
- 화~토요일 11:30-22:30, 일요일, 공휴일 11:30-21:30, 월요일 휴무, 12월 31일~1월 3일 휴무
  (월요일이 공휴일인 경우 화요일은 16:30 오픈)
- +816-6312-3862
- 大阪府大阪市北区曾根崎2-14-2

로쿠 스시 본점
ROKU鮮 本店 텐노지

두툼하고 신선한 스시로 현지인에게 사랑받는 곳이다. 츠텐카쿠 바로 근처에 있어 관광한 후 식사하기 편하다. 태블릿으로 주문하는 방식으로 한국어도 지원된다. 1접시 66~484엔.

- 지하철 사카이스지선堺筋線 에비스초恵美須町역 3번 출구에서 도보 3분
- 11:30-22:00
- +816-6643-1168
- 大阪府大阪市浪速区恵美須東1-17-7 コーラルリーフビル1F

스시 신노스케 鮨 慎之介 혼마치

관광지에서 조금 벗어난 곳에 위치한 곳으로, 스시를 코스로 즐길 수 있다. 스시 코스는 주로 고급 스시 레스토랑에서 접할 수 있는데, 이곳에서는 비교적 합리적인 가격으로 스시 코스를 맛볼 수 있다. 런치 코스 4500엔, 디너 오마카세 6000엔, 8000엔.

- 지하철 사카이스지선堺筋線, 추오선中央線 사카이스지혼마치堺筋本町역 17번 출구에서 도보 1분
- 12:00-14:00, 17:00-22:00, 월요일 휴무
- +81-6-6263-4649
- 大阪府大阪市中央区安土町2-2-10

스시 키즈나 鮓 きずな 교바시

일본 맛집 소개 사이트 타베로그에서 은상을 받은 집. 완전 예약제를 실시하고 있어 고객 하나하나 정성을 다한 고급 스시를 만나볼 수 있다. 그날의 재료에 따라 셰프가 선별한 모둠 메뉴 スペシャルコラボにぎり는 1인 1만 5120엔부터.

- JR오사카 칸조선JR大阪環状線, JR토자이선JR東西線, 게이한 본선京阪本線, 지하철 나가호리 츠루미료쿠치선長堀鶴見緑地線 교바시京橋역 북쪽 출구에서 도보 8분
- 18:00-23:00, 일요일 17:00-23:00, 월요일, 세 번째 화요일 휴무
- +816-6922-5533
- 大阪府大阪市都島区都島南通2-4-9

✦ 한눈에 보는 스시 종류 ✦

니기리즈시 握りずし

네타ネタ(재료) → → 샤리シャリ(밥)

니기리즈시 네타ネタ(재료)의 종류

 사몬サーモン (연어)

 이까イカ (오징어)

엔가와えんがわ (광어 지느러미)

 아지あじ (전갱이)

 부리ぶり (방어)

 타마고たまご (달걀)

 우나기うなぎ (장어)

 사바さば (고등어)

 마구로まぐろ (참치 붉은 살)

 추토로中とろ (참치 뱃살)

호타테ほたて (가리비)

 에비えび (새우)

 히라메ヒラメ (광어)

타이鯛 (도미)

 아와비アワビ (전복)

 고하다コハダ (전어)

마키즈시 巻きずし

네타ネタ(재료) → → 노리海苔(김)

마키즈시 네타ネタ(재료)의 종류

 네기토로ねぎとろ (다진 참치와 파)

 이쿠라いくら (연어 알)

 우니うに (성게 알)

 토비코とびこ (날치 알)

 카니미소かにみそ (게 내장)

 데마키手巻き (김말이)

✦ 유니크한 간사이 스시 ✦

 가키노하스시柿の葉寿司 (감잎초밥)

 사바즈시鯖寿司 (고등어초밥)

 하코즈시箱寿司 (상자초밥)

 메하리스시めはりずし (갓쌈초밥)

 산마즈시さんま寿司 (꽁치초밥)

GETTING STARTED · OSAKA ·

오사카의 미식 열전

현지에서 맛보는
일본 스타일 양식

서양 음식을 일본식으로 재해석한 음식을 일본에서는 양식洋食이라고 한다. 우리에게도 친숙한 오므라이스, 카레라이스, 햄버그 스테이크 등 서양이 원조라고 생각될지도 모르나 일본이 원조인 음식이 많다. 특히 오사카에는 오므라이스를 최초로 선보인 경양식 집이 있으며, 꼭 먹어봐야 할 음식 리스트에도 항상 빠지지 않는 유명한 가게가 많다.

메이지켄 明治軒 신사이바시

1925년 오픈해 3대째 운영하고 있는 오므라이스 대표 맛집. 오므라이스와 소고기 쿠시카츠가 함께 나오는 오므라이스 & 쿠시카츠 3개 세트(オムライス&串カツ3本セット, 1130엔)가 인기 메뉴다.

- 📍 지하철 미도스지선御堂筋線, 나가호리 츠루미료쿠치선長堀鶴見緑地線 신사이바시心斎橋역 6번 출구에서 도보 3분
- 🕐 평일 11:00-15:00, 17:00-20:30, 토~일요일, 공휴일 11:00-15:20, 17:00-21:00, 수요일 휴무
- ☎ +816-6271-6761
- 🏠 大阪府大阪市中央区心斎橋筋1-5-32

홋쿄쿠세이 西洋御料理 北極星 心斎橋本店 신사이바시

오므라이스를 세계 최초로 선보인 레스토랑으로 알려진 곳이다. 치킨볶음밥을 달걀로 살포시 감싼 심플한 치킨 오므라이스(チキンオムライス, 1000엔)가 대표 메뉴. 자극적이지 않은 데미그라스 소스는 옛 그대로인 추억의 맛이 느껴진다.

- 📍 지하철 미도스지선御堂筋線, 요츠바시선四つ橋線, 센니치마에선千日前線 난바なんば역 25번 출구에서 도보 4분
- 🕐 11:30-21:30, 12월 31일~1월 1일 휴무
- ☎ +816-6211-7829
- 🏠 大阪府大阪市中央区西心斎橋2-7-27

나니와 오므라이스 浪花オムライス 신사이바시

오사카에서 오므라이스 식당 중 1위를 차지할 만큼 유명한 맛집. 오므라이스를 일본식으로 재해석, 미소(된장)에 푹 삶은 소고기 힘줄을 토핑으로 올린 나니와 오므라이스(浪花オムライス, 2200엔)가 인기다.

- 지하철 미도스지선御堂筋線, 나가호리 츠루미료쿠치선長堀鶴見緑地線 신사이바시心斎橋역 1번 출구에서 도보 2분
- 10:00-20:00, 월요일 휴무
- +816-6245-7206
- 大阪府大阪市中央区南船場3-11-27

지유켄 난바 본점 自由軒 難波本店 난바

오사카 최초의 경양식 집으로 알려진 카레 맛집. 비빔밥처럼 카레 소스에 밥을 비빈 후 날계란을 올려 내놓는데, 함께 섞어 먹는 독특한 스타일의 명물 카레(名物カレー, 800엔)가 대표 메뉴다.

- 지하철 미도스지선御堂筋線, 요츠바시선四つ橋線, 센니치마에선千日前線 난바なんば역 B15번 출구에서 도보 2분
- 11:30-21:00, 월요일 휴무
- +816-6631-5564
- 大阪府大阪市中央区難波3-1-34

후쿠시마 조토 카레 福島 上等カレー 신후쿠시마

전국에 체인점을 둔 카레 전문 레스토랑으로 가츠 카레라이스(カツカレーライス, 1000엔)이 유명하다. 저렴한 가격에 온천 달걀, 치즈 등 다양한 토핑도 마련되어 있다.

- JR오사카 칸조선JR大阪環状線 후쿠시마福島역에서 도보 6분 / JR토자이선 JR東西線 신후쿠시마新福島역 2번 출구에서 도보 8분
- 11:00-22:30, 일요일, 공휴일 11:00-21:30, 연말연시 휴무
- +816-6455-7331
- 大阪府大阪市福島区福島6-14-9(本店)

그릴 캐피털 토요테이 グリルキャピタル東洋亭 우메다

한국 관광객 사이에서 동양정으로 더 잘 알려진 인기 경양식 집으로 햄버그스테이크(百年洋食ハンバーグステーキ, 1580엔)로 유명하다. 코스 메뉴(1인 2500엔~)도 있어 저렴한 가격으로 수프, 샐러드, 메인 디시, 디저트까지 즐길 수 있다.

- 지하철 미도스지선御堂筋線 우메다梅田역에서 직결, 한큐 백화점 12층
- 11:00-22:00, 비정기 휴무
- +816-6313-1470
- 大阪府大阪市北区角田町8-7 阪急うめだ本店12F(阪急店)

GETTING STARTED · OSAKA

오사카의 미식 열전

한 번 맛보면 반하게 되는
스파이스 카레

최근 오사카에서는 스파이스 카레 붐이 일고 있다. 우리가 흔히 알고 있는 일본 카레와는 달리 인도 향신료를 이용한 독특한 맛의 카레가 오사카 스타일로 재해석되고 있다. 처음에는 강한 향신료에 머뭇거리지만 먹다 보면 묘한 매력에 빠져드는 것이 스파이스 카레의 매력이다. 일본식 카레가 조금 식상하다면 한번 도전해볼 만한 메뉴다.

옥시모론 기타하마
オクシモロン 北浜 기타하마

다진 고기와 향신료를 볶아 수프 없이 만드는 키마 카레를 일본식으로 재해석한 와후 키마 카레(和風キーマカリー, 1390엔)가 인기인 카레 전문점. 토핑으로 올라가는 온천 달걀은 향신료의 매운맛을 완화시켜 마일드한 맛을 내고 듬뿍 올라간 파의 알싸함이 매력적인 카레다.

- 📍 지하철 사카이스지선堺筋線, 게이한 본선京阪本線 기타하마北浜역 26번 출구에서 도보 2분
- 🕐 11:30-17:30, 수요일 휴무
- ☎ +816-6227-8544
- 🏠 大阪府大阪市中央区北浜1-1-22

보타니 카레 ボタニカリー <mark>혼마치</mark>

하루에 5시간만 영업을 하기 때문에 오픈 전부터 기다림은 필수인 카레 맛집. 인기 메뉴는 치킨카레(ボタニカリーチキン, 980엔)이며 크림치즈 두부와 달걀 토핑을 추가할 수 있다. 맵기는 총 4단계로 조절할 수 있다. 입구가 건물 안으로 들어가야 나타나기 때문에 그냥 지나치지 않도록 주의!

- 지하철 미도스지선御堂筋線, 요츠바시선四つ橋線 혼마치本町역 2번 출구에서 도보 7분
- 11:00-16:00(재료 소진 시 영업 종료), 일요일 휴무, 비정기 휴무
- +816-6210-4443
- 大阪府大阪市中央区瓦町4-5-3 日宝西本町ビル1F

요바레야 Yobareya <mark>신사이바시</mark>

코코넛 밀크를 가미한 아보카도 치즈 카레(アボカド&チーズ, 900엔)가 인기인 맛집. 향신료가 듬뿍 첨가된 카레에 코코넛 밀크를 넣어 카르보나라처럼 부드럽고 고소한 새로운 형태의 카레를 선보이고 있다.

- 지하철 요츠바시선四つ橋線 요츠바시四ツ橋역 2번 출구에서 도보 4분
- 12:00-16:00(재료 소진 시 영업 종료), 수요일 휴무, 비정기 휴무
- +816-6543-7008
- 大阪府大阪市西区新町1-31-3

라비린스 ラヴィリンス <mark>신사이바시</mark>

카레 수프에 밥을 비벼 먹는 일반 카레와 달리, 파와 잘게 썬 돼지고기를 향신료와 함께 볶아 만든 키마 카레(ねぎまみれの肉キーマカレー, 990엔)가 유명하다.

- 지하철 요츠바시선四つ橋線 요츠바시四ツ橋역 2번 출구에서 도보 5분
- 11:30-14:00, 18:00-21:00, 비정기 휴무
- +816-6578-0015
- 大阪府大阪市西区新町1-20-1

큐야무테츠도 旧ヤム鐵道 <mark>우메다</mark>

매달 종류가 달라지는 4종류의 카레 중 2가지를 선택할 수 있는 아이가케 카레(あいがけカレー, 1150엔)가 대표 메뉴. 밥도 현미밥과 강황 라이스 중 선택할 수 있다. 이달의 카레는 스파이시한 향신료가 강한 키마 카레부터 부드러운 채소 카레까지 매달 다양한 베리에이션을 보여준다.

- JR오사카 JR大阪역에서 직결, LUCUA 1100 B2F
- 11:00-24:00, 비정기 휴무
- +816-6151-1544
- 大阪府大阪市北区梅田3-1-3 LUCUA1100 B2F

GETTING STARTED OSAKA
오사카의 미식 열전

든든하고 맛있는
런치 타임

조금은 자극적이고 짭조름한 쿠시카츠나 오코노미야키 등 전형적인 오사카 음식에 질렸다면 한 번쯤은 유기농 채소로 만든 샐러드가 곁들여진 일본 가정식, 세계의 대표 음식, 햄버거 등 새로운 런치를 멋스러운 분위기에서 여유롭게 즐겨보자.

카페 & 밀 무지
Cafe & Meal MUJI 難波 난바

무인양품無印良品에서 운영하는 카페로, 무인양품의 제품과 식료품을 이용한 메뉴를 제공한다. 또한 재료 본연의 맛을 살리기 위해 최소한의 조리 방법으로 만든 샐러드와 채소 요리를 선보이고 있다. 그중 밥과 3가지 반찬이 나오는 세트 메뉴(3품でリセット, 900엔)가 인기다.

- JR오사카JR大阪역에서 도보 3분 / 지하철 미도스지선御堂筋線 우메다梅田역에서 도보 3분, 그랜드 프론트 오사카 북관 4층
- 10:00-21:00
- +816-6359-2173
- 大阪府大阪市北区大深町3-1 グランフロント大阪北館 4F

우라야 난바 본점
定食 八百屋とごはん うらや難波本店 `난바`

일본 가정식을 테마로 한 일정식 레스토랑. 영양사가 직접 고안한 건강한 메뉴들을 선보인다. 무농약 국산 채소를 이용한 5가지 반찬이 나오는 정식은 880엔부터 준비되어 있다.

- JR야마토지선JR大和路線 JR난바JR難波역 센니치마에 거리 출구千日前通り出口에서 도보 2분
- 11:00-22:30
- +816-4392-0338
- 大阪府大阪市浪速区桜川1-1-28 三宝ビル1F

보통 식당 이와마
普通の食堂いわま `난바`

고등어조림, 가라아게, 돼지고기 볶음(650~980엔) 등 저렴한 가격으로 일본 가정식을 즐길 수 있는 인기 식당이다. 이곳의 간판 메뉴는 오랜 연구 끝에 탄생한 닭튀김唐揚げ이며 다양한 요리와 함께 세트 메뉴로도 구성되어 있다.

- 난카이 본선南海本線 난카이 난바南海なんば역 동쪽 출구에서 도보 3분
- 11:00-15:30, 17:00-22:00 수요일 휴무
- +816-6599-9320
- 大阪府大阪市中央区難波千日前9-12

쿠로몬 버거 마코토야 黒門Burger誠屋 난바

쿠로몬 시장에 있는 수제버거 전문점이다. 100% 일본산 소고기와 엄선한 재료만을 사용한 버거는 1023~1386엔이며, 미니 버거는 418엔이다. 웨지 감자를 컵에 담고 그 위에 미니 버거를 올려주는 미니 버거 & 포테이토(500엔)는 테이크아웃으로만 주문이 가능한데, 컵에 담겨 있어 들고 다니며 먹기 편리하다.

- 📍 지하철 사카이스지선堺筋線, 센니치마에선千日前線 닛폰바시日本橋역 10번 출구에서 도보 5분
- 🕐 10:30-19:00, 일요일 10:30-14:00
- 📞 +816-6643-9977
- 🏠 大阪市中央区日本橋2-3-19

크리터스 버거 クリッターズバーガー 신사이바시

홋카이도산 밀가루와 천연 효모로 만든 버거 빵과 선별한 재료로 만든 다양한 수제 버거를 선보인다. 기본 햄버거(ハンバーガー, 1210엔)뿐만 아니라 사이드 메뉴인 프라이드치킨(フライドチキン, 3조각 1045엔, 5조각 1595엔)도 인기다.

- 📍 지하철 미도스지선御堂筋線, 나가호리 츠루미료쿠치선長堀鶴見緑地線 신사이바시心斎橋역 8번 출구에서 도보 3분
- 🕐 11:00-21:00
- 📞 +816-4963-9840
- 🏠 大阪府大阪市中央区西心斎橋1-10-35 アルシュ1F

브루클린 팔러 오사카 Brooklyn Parlor Osaka 신사이바시

음악과 책, 음식이 융합되어 있는 카페 겸 레스토랑으로, '인생에서 쓸데없으면서 우아한 것들 모두無駄で優雅なもの、ぜんぶ'를 콘셉트로 하여 자유분방한 뉴욕 브루클린의 분위기를 그대로 옮겨 놓았다. 런치 타임에는 샐러드와 프렌치프라이가 함께 나오는 햄버거 런치(1470~1960엔), 델리 플레이트(1300엔), 파스타(1400엔) 등의 메뉴가 있다.

- 📍 지하철 요츠바시선四つ橋線 요츠바시四ツ橋역 6번 출구에서 도보 1분, 지하철 미도스지선御堂筋線, 나가호리 츠루미료쿠치선長堀鶴見緑地線 신사이바시心斎橋역 7번 출구에서 도보 3분
- 🕐 11:00-23:00
- 📞 +816-4963-3220
- 🏠 大阪府大阪市中央区西心斎橋2-2-3 A-Place心斎橋 B1F

상미 玄米カフェ実身美 오사카 성

채식 위주의 카페로 현미밥과 발효 샐러드 드레싱과 같은 건강 메뉴를 선보이는 곳이다. '집밥처럼'이라는 테마에 어울리게 날마다 반찬이 바뀌는 런치 메뉴 건강 밥(日替り健康ごはん, 1210엔~)이 인기. 직접 만든 발효 샐러드 드레싱은 구매도 할 수 있다.

- 📍 JR오사카 칸조선JR大阪環状線, JR토자이선JR東西線, 게이한 본선京阪本線, 지하철 나가호리 츠루미료쿠치선長堀鶴見緑地線 교바시京橋역 북쪽 출구에서 도보 6분
- 🕐 11:00-21:00, 일요일 휴무
- 📞 +816-6353-9333
- 🏠 大阪府大阪市都島区東野田町1-6-1(京橋店)

오사카 카페 즐기기

- 달콤한 유혹 디저트 카페
- 느림의 미학 WA CAFE 和 カフェ
- 한잔의 휴식 Tasty Coffee

GETTING STARTED
OSAKA

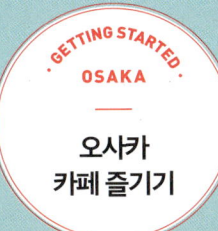

오사카
카페 즐기기

달콤한 유혹
디저트 카페

디저트 천국이라고 불릴 정도로 스위츠로 유명한 오사카. 전문 파티셰가 만든 다양한 케이크부터 갓 나온 식빵까지 즐길 수 있는 오사카 유명 베이커리를 소개한다.

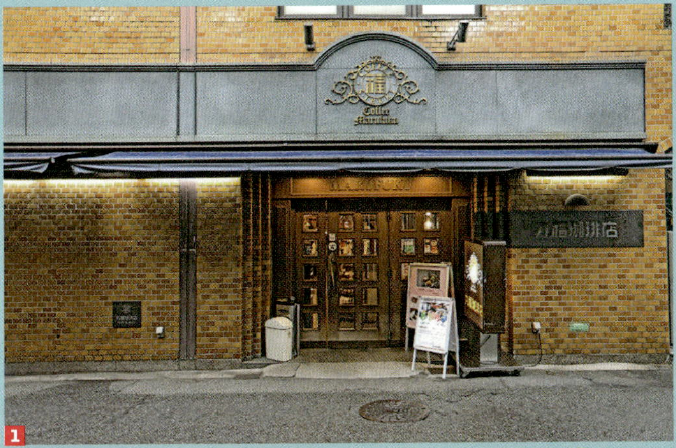

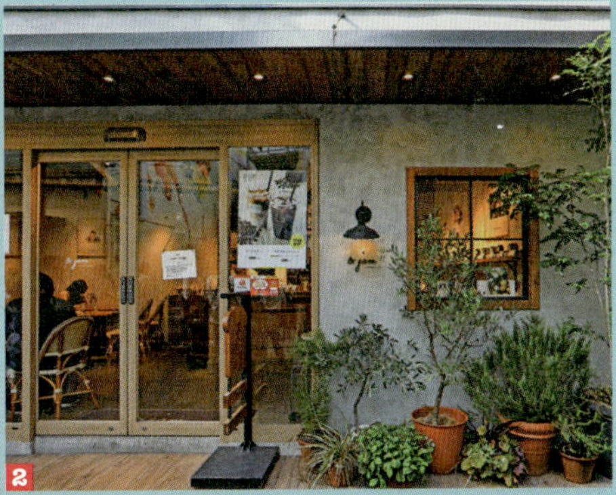

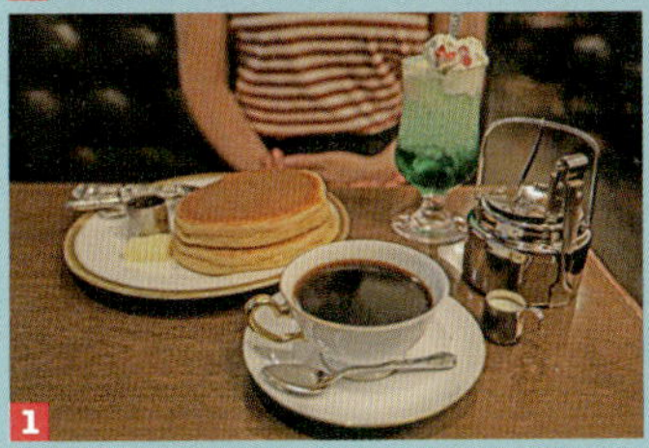

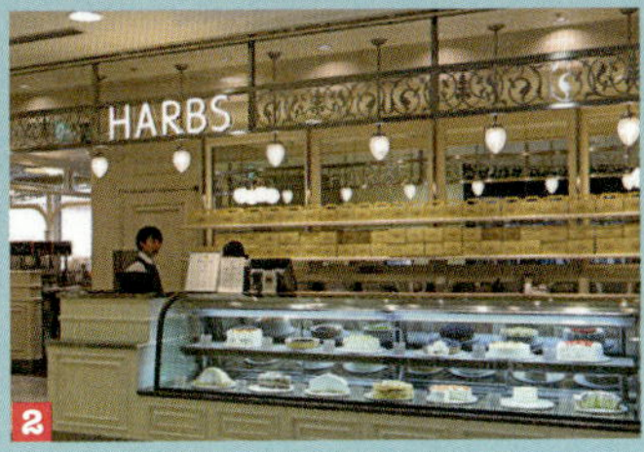

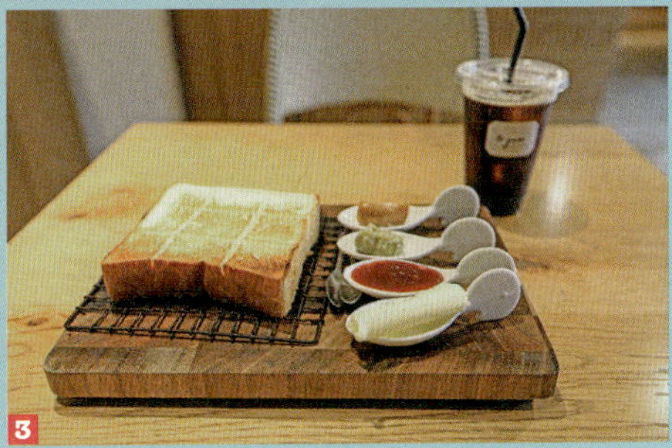

1 마루후쿠 커피 센니치마에 본점
丸福珈琲店 千日前本店 난바

1934년 창업, 레트로한 모습을 그대로 간직한 카페. 장인이 직접 로스팅한 진한 맛의 블렌드 커피도 유명하지만 특히 옛 느낌의 두툼한 팬케이크가 인기다.

- 지하철 사카이스지선堺筋線, 센니치마에선千日前線 닛폰바시日本橋역 3번 출구에서 도보 4분
- 08:00-23:00, 1월 1일 휴무
- +816-6211-3474
- 大阪府大阪市中央区千日前1-9-1

2 하브스
HARBS 난바

재료의 신선함과 본연의 맛을 심플하게 표현한 13종류의 케이크와 오리지널 블렌드 티로 유명한 체인 카페. 크레이프 사이사이 다양한 과일을 넣어 6겹으로 쌓아 올린 밀크 크레이프(ミルクレープ, 1조각 930엔)가 인기다.

- 난카이 본선南海本線 난카이 난바南海なんば역 남쪽 출구에서 직결, 난바파크스 3층
- 11:00-20:00, 비정기 휴무
- +816-6636-0198
- 大阪府大阪市浪速区難波中2-10-7 なんばパークス3F (なんばパークス店)

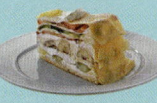

3 사키모토 베이커리 카페
嵜本 ベーカリーカフェ 난바

식빵으로 유명한 사키모토 베이커리에서 운영하는 잼 전문 카페로, 토스트에 3종류의 수제 잼과 버터가 함께 나오는 세트로 유명하다(800엔~). 잼은 16종류의 수제 잼 중 원하는 3종류를 선택할 수 있다. 빵 나오는 시간에 사람들이 길게 줄을 서는 베이커리는 바로 맞은편에 있다.

- 난카이 본선南海本線 난카이 난바南海なんば역 남쪽 출구에서 도보 2분
- 11:00-19:00
- +816-6634-6900
- 大阪市浪速区難波中2-3-18 2F

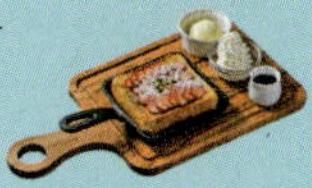

4 살롱 드 몽쉘

サロン・ド・モンシェール **신사이바시**

촉촉한 케이크 속에 홋카이도산 최상품 생크림을 듬뿍 넣은 도지마롤 케이크(堂島ロール, 1조각 357엔, 하프 794엔, 홀 1501엔)로 인기를 얻고 있는 카페. 이밖에 몽블랑과 생크림 케이크 등 다양한 케이크도 있어, 티와 함께 즐기기도 그만이다.

📍 지하철 미도스지선御堂筋線, 나가호리 츠루미료쿠치선長堀鶴見緑地線 신사이바시心斎橋역 남16南16 출구에서 도보 1분
🕐 10:00-19:00, 비정기 휴무
📞 +816-6241-4499
🏠 大阪府大阪市中央区西心斎橋1-13-21

5 미호년대 벨레 에포크

美好年代 Belle Epoque **신사이바시**

대만의 인기 수플레 팬케이크점으로 팬케이크 옆으로 흘러내려오는 크림이 인상적인 타피오카 밀크티 팬케이크(タピオカミルクティーパンケーキ, 825엔)가 인기다. 폭신한 팬케이크와 흑설탕에 조린 달콤하고 쫄깃한 타피오카의 식감이 오묘한 조화를 이룬다.

📍 지하철 요츠바시선四ツ橋線 요츠바시四ツ橋역 5번 출구에서 도보 4분
🕐 09:00-18:00, 비정기 휴무
📞 +816-7171-0037
🏠 大阪府大阪市西区北堀江1-16-9

6 액추어 가라호리 쿠라 본점

エクチュア からほり「蔵」本店 **가라호리**

다양한 초콜릿 디저트를 선보이는 초콜릿 전문 카페. 생초콜릿, 초콜릿 드링크, 프랄리네 등 깊고 진한 초콜릿의 매력에 흠뻑 빠질 수 있다. 옛 민가를 개조한 복합 상업 시설 렌練 건물에 있다.

📍 지하철 다니마치谷町선, 나가호리 츠루미료쿠치선長堀鶴見緑地線 다니마치 로쿠초메谷町六丁目역 2번 출구에서 도보 6분
🕐 11:00-20:00, 수요일 휴무
📞 +816-4304-8077
🏠 大阪府大阪市中央区谷町6-17-43 練-LEN-

· GETTING STARTED ·
OSAKA

오사카 카페 즐기기

느림의 미학 WA CAFE 和 カフェ

정갈하고 차분한 분위기에서 일본식 빙수와 디저트를 즐길 수 있는 카페를 소개한다. 조용한 카페에 앉아 따뜻한 녹차 한 잔으로 여행의 피로를 풀어보자.

모치쇼 시즈쿠 餅匠 しづく 新町店 신사이바시

엄선된 재료만을 사용한 모찌(찰쌉떡)와 모나카 같은 화과자를 만나볼 수 있는 카페. 안에 들어서는 순간 딸기, 유자 같은 계절 과일을 사용한 모찌를 비롯해 아름다운 색의 모찌에 시선을 빼앗기고 만다(1개 360엔~). 모찌만 테이크 아웃할 수도 있지만 모던한 분위기의 카페에서 녹차와 함께 모찌를 즐겨보는 것도 좋다. 녹차와 모찌 세트는 935엔부터.

📍 지하철 나가호리 츠루미료쿠치선長堀鶴見緑地線 니시오하시西大橋역 2번 출구에서 도보 4분
🕐 숍 10:30-18:00, 카페 13:00-17:00, 비정기 휴무, 1월 1~3일 휴무
📞 +816-6536-0805
🏠 大阪府大阪市西区新町1-17-17 新町ハウス1F

1 테라카페 차니와

茶庭 호리에

만푸쿠 사찰萬福寺에서 운영하는 작고 아담한 카페. 호지차 라테와 메밀차 라테(각 700엔) 등 다양한 녹차 맛 음료를 만날 수 있다. 여름이면 우지차 빙수(1300엔)도 별미. 아담한 정원과 고즈넉한 분위기 속에서 도심이라는 것을 잊고 잠시 쉬어 가기 좋다.

- 📍 지하철 요츠바시선四つ橋線 요츠바시四ツ橋역 5번 출구에서 도보 4분
- 🕑 목~금요일 13:00-17:30, 토요일 12:00-17:30, 일~수요일 휴무, 비정기 휴무
- ☎ +816-6531-1328
- 🏠 大阪府大阪市西区南堀江1-14-23

2 와도 오모테나시 카페

wad omotenashi café 신사이바시

공방에서 운영하는 카페로 교토에서 공수한 일본 차(800엔~)를 직접 만든 찻잔에 제공한다. 일본 차도의 정신을 현대식으로 해석해 한잔 한잔 정성을 다해 내린 차를 맛볼 수 있다.

- 📍 지하철 미도스지선御堂筋線, 나가호리 츠루미 료쿠치선長堀鶴見緑地線 신사이바시心斎橋역 3번 출구에서 도보 5분
- 🕑 12:00-19:00, 비정기 휴무, 연말연시 휴무
- ☎ +816-4708-3616
- 🏠 大阪府大阪市中央区南船場4-9-3 東新ビル2F

3 미토미

実と美 우에혼마치

조용한 주택가에 자리한 모나카와 일본 차 전문점이다. 한 입 크기 모나카는 홋카이도산 팥소에 고소한 볶은 현미를 뿌린 전통적인 맛, 밀크캐러멜과 흰 팥소가 어우러진 밀크 앙금에 새콤한 프랑브아즈Framboise를 곁들인 동서양이 어우러진 맛, 그리고 계절 한정의 다양한 맛이 있다. 매장에서 먹을 때는 3세 세트와 5개 세트 중 선택하면 된다. 종류는 그날그날 변하며, 600~1000엔 정도이다. 모나카와 어울리는 전통차와 찻잎도 판매한다.

- 📍 지하철 다니마치선谷町線, 센니치마에선千日前線 다니마치큐초메谷町九丁目역 5번 출구에서 도보 5분
- 🕑 12:00-18:00, 토~일요일, 공휴일 11:00-18:00, 월~화요일 휴무
- ☎ +81-80-6666-7326
- 🏠 大阪府大阪市天王寺区上汐3-5-19

· GETTING STARTED ·
OSAKA

오사카 카페 즐기기

한 잔의 휴식 Tasty Coffee

오사카 거리를 거닐다 보면 골목골목에서 느껴지는 커피 향에 이끌려 걸음을 멈춰 서게 된다. 잠시 발걸음을 멈추고 커피 한잔의 여유를 가져보자.

멜 커피 로스터스
メル コーヒー ロースターズ 신사이바시

매일매일 필요한 만큼의 원두를 직접 로스팅해 신선한 커피를 제공한다. 오리지널 브랜드로 만든 라테(カフェラテ, 500엔)가 유명. 아담한 규모로 원두 판매와 테이크 아웃만 가능하다.

- 📍 지하철 요츠바시선四つ橋線 요츠바시四ツ橋역 2번 출구에서 도보 4분
- 🕐 10:00~18:00, 토~일요일 11:00~18:00, 월요일 휴무
- 📞 +816-4394-8177
- 🏠 大阪府大阪市西区新町1-20-4

1 릴로 커피 로스터즈
リロコーヒーロースターズ 신사이바시

에티오피아, 콜롬비아, 르완다 등 세계 각 지역에서 들여온 원두 약 20종으로 만든 드립 커피가 유명한 카페. 원두에 따라 400엔부터 1000엔까지 커피 가격이 다르다.

- 지하철 요츠바시선四つ橋線 요츠바시四ツ橋역 3번 출구에서 도보 2분
- 11:00-23:00
- +816-6227-8666
- 大阪府大阪市中央区西心斎橋1-10-28 心斎橋Mビル1F

2 링크 핸드 로스티드 커피
Link Hand Roasted Coffee 신사이바시

원두 하나하나를 시간을 두고 로스팅해 원두 자체의 맛을 최대한 끌어올린 핸드 드립 전문점. 고소하고 향이 강한 원두를 원한다면 스트롱 블렌드(STRONG, 550엔~)를 추천한다.

- 지하철 미도스지선御堂筋線 나가호리바시長堀橋역, 츠루미료쿠치선長堀鶴見緑地線 신사이바시心斎橋역 5번 출구에서 도보 2분
- 10:00-22:00, 일요일 휴무
- +816-6251-6390
- 大阪府大阪市中央区東心斎橋1-13-19 NTビル1F

3 스트리머 커피 컴퍼니
STREAMER COFFEE COMPANY 신사이바시

세계적으로 높은 레벨을 갖고 있는 바리스타들이 소속되어 있는 체인점 카페. 근사한 라테 아트의 스트리머 라테(Streamer Latte, 600엔)가 유명하다. 아메리카 무라에서도 가깝고, 멋스러운 인테리어의 내부는 잠시 쉬어 가기 그만이다.

- 지하철 요츠바시선四つ橋線 요츠바시四ツ橋역 3번 출구에서 도보 2분
- 09:00-19:00, 1월 1일 휴무
- +816-6252-7088
- 大阪府大阪市中央区西心斎橋1-10-19(心斎橋店)

이미지 제공: 유니버설 스튜디오 재팬 © Universal Studios

GETTING STARTED · OSAKA ·

오사카 테마파크

유니버설 스튜디오 재팬
UNIVERSAL STUDIO JAPAN

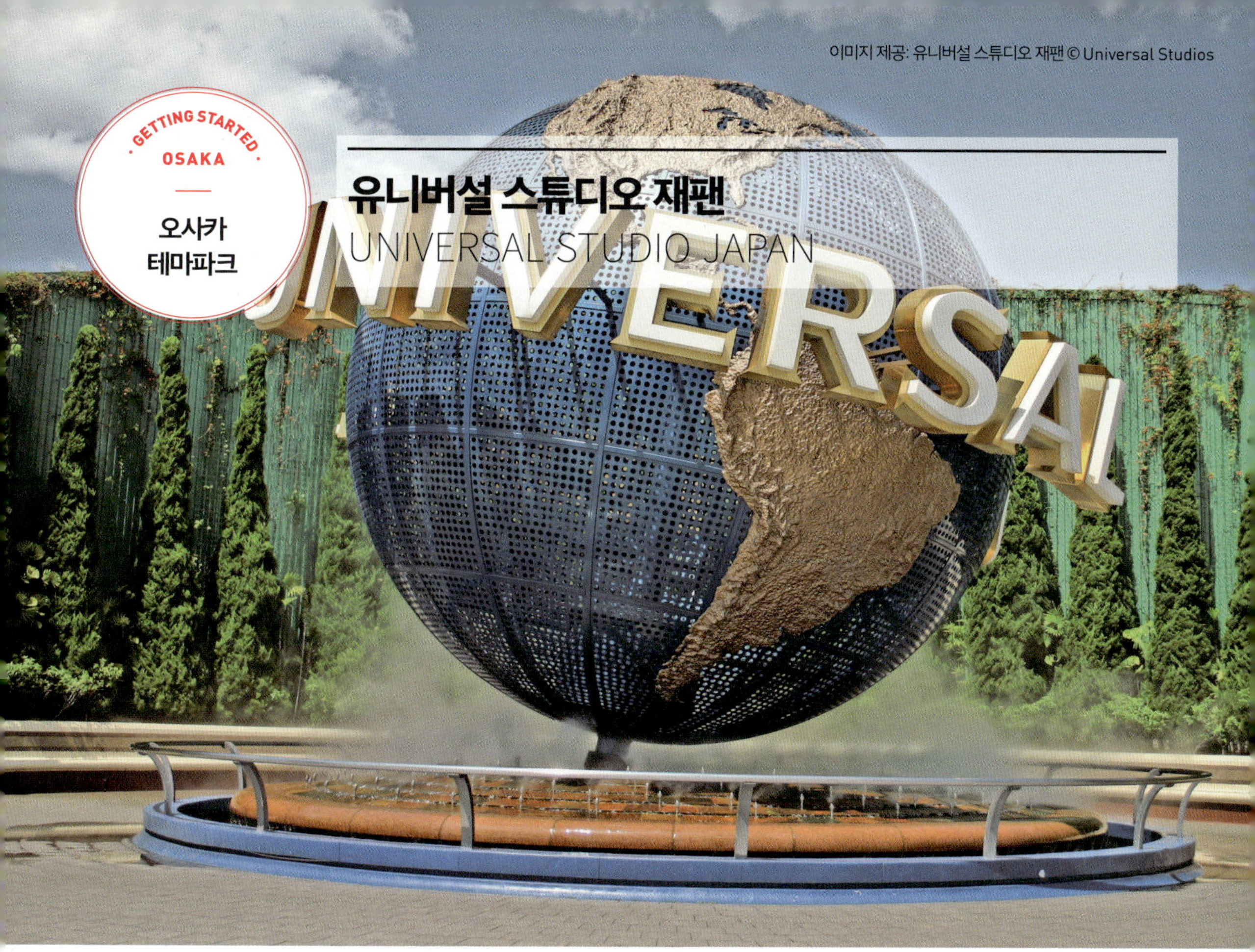

2001년 오사카에 개장한 유니버설 스튜디오 재팬은 할리우드의 유명 영화를 테마로 한 쇼와 어트랙션으로 구성된 테마파크다. 2014년에 개장한 위저딩 월드 오브 해리 포터The Wizarding World of Harry Potter™와 2017년 오픈한 미니언 파크Minion Park로, 전 세계에서 많은 관광객이 찾는 오사카를 대표하는 관광지다.

- 09:00-20:30 (변동이 있으므로 홈페이지에서 확인 요망)
- www.usj.co.jp/kr/
- 大阪府大阪市此花区桜島2-1-33

찾아가는 법

오사카역 → JR오사카 칸조선 (15분 / 180엔) → 유니버설시티역 ユニバーサルシティ

오사카 난바역 → 한신 난바선 (8분) → 니시쿠조역 西九条 → JR유메사키선 (6분 / 370엔) → 유니버설시티역 ユニバーサルシティ

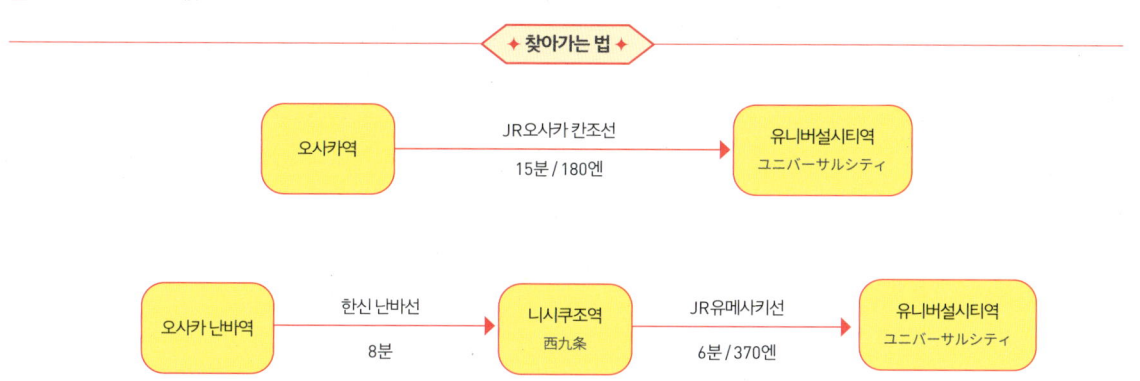

유니버설 스튜디오 재팬 가이드

유니버설 스튜디오 재팬

패스 소개

종류	성인 (만 12세 이상)	어린이 (만 4~11세)	노인 (만 65세 이상)
1DAY 스튜디오 패스	8600엔~	5600엔~	7700엔~
2DAY 스튜디오 패스	1만 6300엔	1만 600엔	-

TIP 인기 어트랙션 대기시간을 최소화하는 익스프레스 패스 구입하기

익스프레스 패스
인기 어트랙션을 빠르고 편리하게 즐길 수 있게 해주는 패스다. 인기 어트랙션마다 패스 전용 입구가 있어 대기시간을 최소화하여 입장할 수 있다. 입장권과 별도로 구입해야 하며 1일 판매량이 정해져 있다. 어트랙션 점검일도 미리 알 수 있으니 홈페이지에서 확인한 후 예매하자.

익스프레스 패스 종류

UNIVERSAL EXPRESS PASS 4(6800엔~)
UNIVERSAL EXPRESS PASS 7(1만 800엔~)
인기 어트랙션 중 4개 혹은 7개를 이용할 수 있는 패스.
※ 익스프레스 패스 종류에 따라 이용할 수 있는 어트랙션이 다르므로 주의!

UNIVERSAL EXPRESS PASS PREMIUM(1만 4700엔~)
모든 어트랙션을 이용할 수 있는 패스.
※ 모든 패스는 입장일과 어트랙션 종류에 따라 가격이 다름

에이리어 소개

미니언 파크 Minion Park
깜찍하고 유쾌한 미니언들을 만날 수 있는 곳. 마을을 산책 중인 미니언과 기념사진도 찍을 수 있다.

추천 어트랙션 미니언 메이헴

쥬라기 공원 Jurassic Park
영화 '쥬라기 공원'을 그대로 옮겨 놓은 듯한 정글 속에서 스릴 만점의 모험을 즐길 수 있다.

추천 어트랙션 쥬라기 공원 더 라이드

뉴욕 New York
영화 팬이라면 꼭 가봐야 할 에이리어. 명작의 한 장면을 그대로 재현한 뉴욕의 거리와 스파이더맨, 터미네이터를 어트랙션으로 만나볼 수 있다.

추천 어트랙션 어메이징 어드벤처 오브 스파이더맨 더 라이드 4K3D

할리우드 Hollywood
1930년대 할리우드의 마을을 그대로 재현한 곳으로, 어트랙션과 숍이 가장 집중되어 있는 중심 에이리어이다.

추천 어트랙션 할리우드 드림 더 라이드

위저딩 월드 오브 해리 포터
The Wizarding World of Harry Potter
압도적인 스케일과 완벽한 디테일로 재현해놓은 거대한 해리 포터의 세계!

추천 어트랙션 해리 포터 앤드 더 포비든 저니™

유니버설 원더랜드 Universal Wonderland
스누피와 헬로키티 등 세계적 인기 캐릭터 마을을 테마로 한 에이리어. 어린아이부터 온 가족이 즐길 수 있는 곳이다.

추천 어트랙션 헬로키티 컵케이크 드림

샌프란시스코 San Francisco
미국 샌프란시스코의 활기찬 분위기를 느낄 수 있는 곳. 피셔맨즈 워프와 차이나타운 등 이국적인 풍경을 테마로 한 레스토랑이 있어 식사도 할 수 있다.

추천 어트랙션 백드래프트

DRUGSTORE BEST 10

의약품과 화장품은 물론 생필품과 여행 기념품까지 구매할 수 있는 반가운 쇼핑 스폿, 드러그스토어. 오사카 시내에서 쉽게 찾아볼 수 있다. 여행 시 필요한 물품부터 귀국 후 사용할 물품까지 구매하면 좋을 베스트 아이템을 뽑아보았다.

◆ 무엇을 사야 할까 ◆

 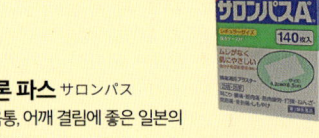 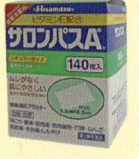 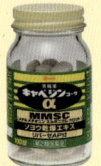

비오레 사라사라 시트 Biore さらさらパウダーシート
땀을 닦아주면 뽀송뽀송해지는 한여름의 필수 아이템

샤론 파스 サロンパス
근육통, 어깨 결림에 좋은 일본의 국민 파스

캬베진 キャベジン
양배추 추출물로 만든 위장약

아시리라 시트 足リラシート
많이 걸어 피곤한 발에 붙이는 천연 대나무 수액 팩

하토무기 화장수 ハトムギ化粧水
대용량 스킨으로 유명한 하토무기 화장수. 화장 솜에 적셔 팩으로 이용하기도 편하다.

파브론 골드A パブロンゴールドA
종합 감기약으로 유명한 파브론. 감기 초기 증상에 복용하면 효과가 좋다.

무히S 液体ムヒS
모기나 벌레 물린 곳에 바르면 가려움이 완화되는 모기약

페어 아크네 PAIR ACNE
좁쌀 여드름과 페이스라인 여드름에 효과적인 연고

비오레 선크림 Biore UV Aqua Rich
끈적이지 않고 산뜻하게 마무리되는 선크림

오타이산 太田胃散
일본에서 오랜 기간 사랑받아온 국민 소화제

CONVENIENCE STORE BEST 10

세븐일레븐, 로손, 패밀리마트 등 편의점 왕국이라고 불릴 정도로 다양한 편의점이 있는 일본. 각 편의점마다 개성 있는 상품을 선보이고 있어 편의점 투어가 나올 정도로 관광객에게 사랑받고 있다. 주먹밥부터 튀김류와 다양한 디저트까지 인기 상품을 만나보자.

◆ 무엇을 사야 할까 ◆

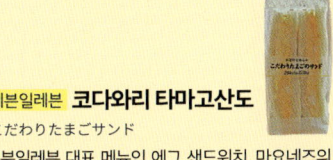  

세븐일레븐 코다와리 타마고산도
こだわりたまごサンド
세븐일레븐 대표 메뉴인 에그 샌드위치. 마요네즈의 고소함과 달걀의 부드러움이 환상의 조합이다.

세븐일레븐 반숙 달걀 오니기리
半熟煮玉子おにぎり
반숙 달걀이 통으로 들어가 있는 주먹밥. 든든한 한 끼로도 충분하다.

세븐일레븐 녹차 크림 도라야키
たっぷり抹茶クリーム生どら焼き
한입에 베어 먹을 수 없을 정도로 일반 도라야키보다 크림이 배로 들어가 있는 녹차 크림 도라야키

로손 모찌롤 もち食感ロール
로손의 베스트셀러 제품. 쫄깃한 케이크 속에 부드러운 크림이 듬뿍 들어가 있는 롤 케이크

로손 가라아게군 からあげクン
간장, 소금, 매운맛 등 다양한 맛을 출시하고 있는 닭튀김 가라아게 시리즈. 지역에 따라 한정 제품도 판매 중이다.

패밀리마트 타이야키 데니시
たい焼きみたいなデニッシュつぶあん
흔히 알고 있는 붕어빵 타이야키 반죽과 달리 데니시 페이스트리를 이용한 제품. 바삭한 빵 속에 팥이 듬뿍 들어 있다.

모든 편의점 자가리코 じゃがりこ
샐러드, 치즈, 버터 감자 등 다양한 맛으로 인기를 끌고 있는 감자 스낵. 오사카 한정으로는 감자조림 니쿠자가 맛있다.

모든 편의점 호로요이 ほろよい
3도의 낮은 알코올 도수와 여러 가지 맛으로 사랑받고 있는 칵테일. 사이다, 망고, 콜라 등 다양한 맛을 계절 한정으로 출시하고 있다.

모든 편의점 모리나가노 야키 푸딩
森永の焼きプリン
오븐에서 천천히 구워낸 야키 푸딩은 심플한 맛이 달콤한 캐러멜 소스와 잘 어울린다.

모든 편의점 치토세 고기 우동 컵라면
千とせ肉うどんカップラーメン
오사카 우동 맛집 치토세의 고기 우동 맛을 그대로 담은 컵라면

OSAKA SOUVENIR BEST 10

CHALET Pick

'식도락의 도시라고 말할 정도로 다양한 음식이 존재하는 오사카. 기념품 또한 여러 가지 맛과 디자인으로 관광객을 유혹한다. 오사카의 명물 오코노미야키와 쿠시카츠 맛을 비롯해 유명 제과점과 컬러버한 상품까지 다양하게 만나볼 수 있다.

✦ 무엇을 사야 할까 ✦

오코노미야키 나니와노아지 센베이
お好み焼き なにわの味 せんべい
마요네즈와 소스가 함께 들어 있어 오코노미야키 맛을 그대로 재현한 센베이

원조 쿠시카츠 다루마 오니기리 센베이
元祖 串かつ だるま おにぎり せんべい
쿠시카츠 원조 맛집 다루마와 오니기리 모양의 센베이 브랜드가 결합한 간사이 지역 한정 과자

반톤 도르
バトンドール Bâton d'or
'황금 스틱'이라는 뜻의 스틱 과자로, 일본 제과 브랜드 글리코グリコ에서 판매하는 포키의 고급 버전이다. 진한 버터 향이 특징

그랜드 가루비
グランカルビー GRAND Calbee
고급 포테이토칩으로 유명한 그랜드 가루비. 맥주와 잘 어울려 안주로도 제격이다.

기타신치 티마리수 초콜릿
北新地 TIRAMISU CHOCOLATE
아몬드를 마스카포네 치즈 크림으로 싸서 코코아 파우더로 코팅한 초콜릿. 전국 과자 대회에서 금상을 받은 경력이 있다.

자가리코 타코야키 맛
じゃがりこたこ焼き味
이미 관광객에게 유명한 감자 스낵 자가리코. 오사카 한정으로 타코야키 맛이 있다.

에에몬 ええもん
오사카의 유명 양과자점 고칸五感의 인기 메뉴. 쌀가루와 밀가루를 섞은 반죽에 꿀을 이용해 만든 일본식 마들렌

타로 사블레 太郎サブレ
오사카 인기 캐릭터 북 치는 소년 쿠이다오레 타로くいだおれ太郎가 그려져 있는 노란색 틴케이스가 특징인 사블레 쿠키

프린트 쿠키 크레파스
PRINT COOKIE CRAY-PAS
사블레 쿠키로, 크레파스로 그린 듯한 귀여운 그림이 프린트되어 있어 인기다.

타코 파티에 たこパティエ
페이스트리 위에 소스와 마요네즈, 김가루 등 타코야키 재료가 올라가 있는 타코야키 맛 파이다.

오사카 유명 스위츠

CHALET Pick

디저트의 천국이라고 불릴 정도로 다양한 스위츠가 있는 오사카. 시내 곳곳에는 유명 베이커리와 더불어 백화점 지하 식품점까지 스위츠 숍이 가득하다. 생크림이 가득 찬 롤 케이크부터 입안에서 사르르 녹아버리는 치즈 케이크까지 오사카 유명 스위츠를 만나보자.

리쿠로오지상노미세
りくろーおじさんの店　치즈 케이크

입안에서 사르르 녹는 치즈 케이크(焼きたてチーズケーキ, 965엔) 전문점. 덴마크에서 공수해온 크림치즈를 사용해 풍부한 맛이 느껴진다.
주요 매장 난바 본점(난바역 20번 출구에서 도보 2분), 다이마루 우메다점, JR신오사카역 중앙 출구 앞, JR텐노지역 중앙 출구 앞 등

유하임
ユーハイム　바움쿠헨

나이테 모양의 독일식 케이크 바움쿠헨을 일본 최초로 선보인 베이커리. 예전 그대로의 제조 방식으로 만든 오리지널 바움쿠헨(バウムクーヘン10, 1080엔)이 인기다.
주요 매장 한큐 우메다 본점, 다이마루 우메다점, 킨테츠 백화점 아베노 하루카스 본점 등

도지마롤
堂島ロール　롤 케이크

부드러운 카스텔라에 홋카이도산 생크림이 가득 찬 롤 케이크 도지마롤(堂島ロール, 1620엔)이 최고 인기 메뉴. 오사카 여행객에게 가장 인기 많은 디저트 중 하나다.
주요 매장 신사이바시 본점 살롱 드 몽셀, 한큐 우메다 본점, 다이마루 우메다점, 아베노 하루카스 등

파블로
PABLO　치즈 타르트

극강의 부드러운 식감을 자랑하는 치즈 타르트(파블로치즈타르트, 1180엔)로, 오사카를 대표하는 스위츠다. 타르트를 스테이크처럼 굽는 방식으로 만드는 것이 부드러운 식감의 비법!
주요 매장 신사이바시(신사이바시역 6번 출구에서 도보 3분)

시아와세노 팬케이크
幸せのパンケーキ　팬케이크

폭신폭신하고 부드러운 수플레 팬케이크(幸せのパンケーキ, 1200엔)를 만나볼 수 있는 곳. 메이플 시럽을 뿌려 먹는 심플한 맛부터 초콜릿과 캐러멜 시럽, 제철 과일 등 다양한 토핑이 추가된 메뉴도 준비되어 있다.
주요 매장 신사이바시점(신사이바시역 7번 출구에서 도보 3분), 히가시우메다역 M10출구에서 바로 등

오사카 여행 베스트 코스 2박 3일

· Plan ·

 DAY 1

1. 간사이 국제공항 도착
   - 난카이선 공항 급행 43분
2. 호텔 체크인 및 난바 관광
   - 도보 10분
3. 도톤보리 점심 식사
   - 도보 15분
4. 신사이바시 관광
   - 지하철 10분
5. 우메다 쇼핑
   - 도보 10분
6. 유카리 소네자키 혼텐

 **DAY 1**

 1

간사이 국제공항 도착
p.119

오사카 시내에서 50km 떨어진 인공 섬 위에 있다. 시내까지 약 30~95분 정도 소요되며 난카이 전철, JR, 리무진 등 다양한 교통편이 있다.

 2

난바 관광
p.066

오사카의 관문 같은 곳으로 오사카의 최대 번화가다. 다채로운 볼거리와 대형 쇼핑몰이 있고 음식점도 다양하므로 취향에 맞춰 미리 골라놓는 것이 좋다.

OSAKA TRAVEL ITINERARY

3

도톤보리에서 점심 식사
————————————
p.075

타코야키, 오코노미야키, 쿠시카츠 등 오사카를 대표하는 맛집이 대부분 이곳에 모여 있다. 조금씩 다양한 음식을 먹어보는 것을 추천한다.

4

신사이바시 관광
————————————
p.081

젊은 취향의 패션 거리 아메리카 무라, 세련된 카페와 인테리어 숍이 밀집한 오렌지 스트리트 등이 있는 젊은이들에게 인기인 쇼핑 거리다.

5

우메다 쇼핑
————————————
p.087

하루 250만 명 이상이 이용하는 오사카역과 우메다역 주변으로 고층 건물과 백화점, 편집 숍, 초특급 호텔이 밀집해 있다.

6

유카리 소네자키 혼텐
————————————
p.026

1950년 창업. 주말 식사 시간에는 예약하지 않으면 오랜 웨이팅을 감수해야 하는 오코노미야키 인기 맛집이다.

· Plan ·

DAY 2

- **7** 기타하마에서 카페 즐기기
  - 지하철 17분
- **8** 텐노지 관광
  - 도보 15분
- **9** 츠텐카쿠
  - 도보 2분
- **10** 쿠시카츠 다루마 신세카이 본점
  - JR 및 도보 40분
- **11** 오사카 성 관광
  - 도보 20분
- **12** 이자카야 토요

 **DAY 2**

7

기타하마에서 카페 즐기기
———————————— p.013

강변에 있는 트렌디한 카페와 일본의 정서가 느껴지는 멋진 카페들이 많은 기타하마. 강변 테라스 좌석에 앉아 여유롭게 커피 한잔을 즐겨보자.

8

텐노지 관광
———————————— p.107

현대적인 건물 아베노 하루카스, 도심 속 푸른 쉼터 텐노지 공원과 동물원 등 서로 다른 모습의 오사카가 공존하는 곳이다.

· Plan ·

DAY 3

- **13** 호텔 체크아웃 및 텐포잔 이동
  - 난바역 출발 시 지하철 30분
- **14** 가이유칸
  - 도보 5분
- **15** 나니와 쿠이신보에서 점심 식사
  - 리무진 1시간 10분
- **16** 간사이 국제공항 이동

 **DAY 3**

13

호텔 체크아웃 및 텐포잔 이동
———————————— p.111

세계 최대급 수족관 '가이유칸'을 중심으로 대형 관람차, 레고랜드 디스커버리 센터 오사카, 100개의 숍과 레스토랑이 있는 텐포잔 마켓 플레이스가 한곳에 모여 있는 복합형 어뮤즈먼트다.

14

가이유칸
———————————— p.112

620종, 약 3000점 이상의 해양 생물이 있는 세계 최대 규모의 수족관으로, 태평양 수조에서는 상어가 헤엄치는 모습도 볼 수 있다.

OSAKA TRAVEL ITINERARY

9
츠텐카쿠
p.108

높이 103m의 전망대로 일본 최초 엘리베이터를 사용한 건물. 이 주변으로 다양한 숍과 레스토랑이 있다.

10
쿠시카츠 다루마 신세카이 본점
p.028

쿠시카츠 원조로 알려진 곳으로, 많은 관광객이 찾는 곳이다. 한국어 메뉴판도 있어 주문하기 쉽다.

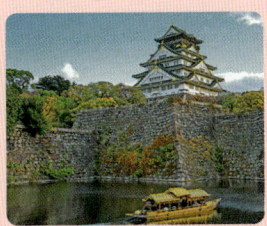

11
오사카 성 관광
p.101

오사카 성 주변으로 오사카의 변천사를 소개하는 박물관과 전 세계 화폐를 전시하는 박물관 등 다양한 볼거리가 모여 있다.

12
이자카야 토요
p.104

넷플릭스에도 소개될 만큼 유명한 이자카야 토요. 좁은 골목길에 있는 포장마차로 서서 먹는 곳이다. 불 위에서 직접 구워주는 참치 구이가 유명하다.

15
나니와 쿠이신보에서 점심 식사
p.112

아이즈야의 타코야키, 지유켄의 카레, 쿠시카츠 등 오사카를 대표하는 유명 맛집 20개가 입점해 있다.

16
간사이 국제공항 이동
p.119

GETTING AROUND OSAKA

なんば

난바

오사카의 관문 같은 곳으로 공항에서 도심으로 들어오는 전철은 이곳이 종점이거나 거쳐서 지나간다. 대형 쇼핑몰과 건물 사이사이에 덴덴타운, 주방 용품 전문 거리, 시장 등 다양한 얼굴의 스폿이 있어 취향 따라 즐길거리가 가득하다.

NAMBA ── なんば

찾아가기

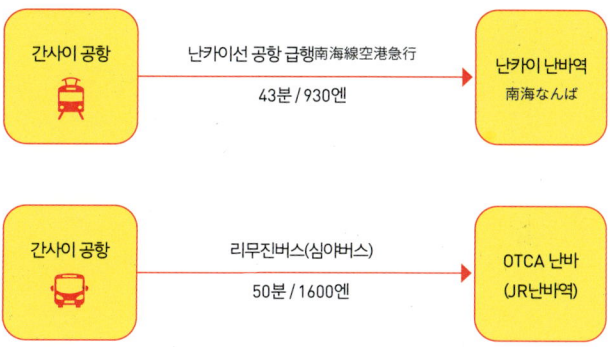

간사이 공항 → 난카이선 공항 급행南海線空港急行 43분 / 930엔 → 난카이 난바역 南海なんば

간사이 공항 → 리무진버스(심야버스) 50분 / 1600엔 → OTCA 난바 (JR난바역)

주요 전철 및 지하철 역

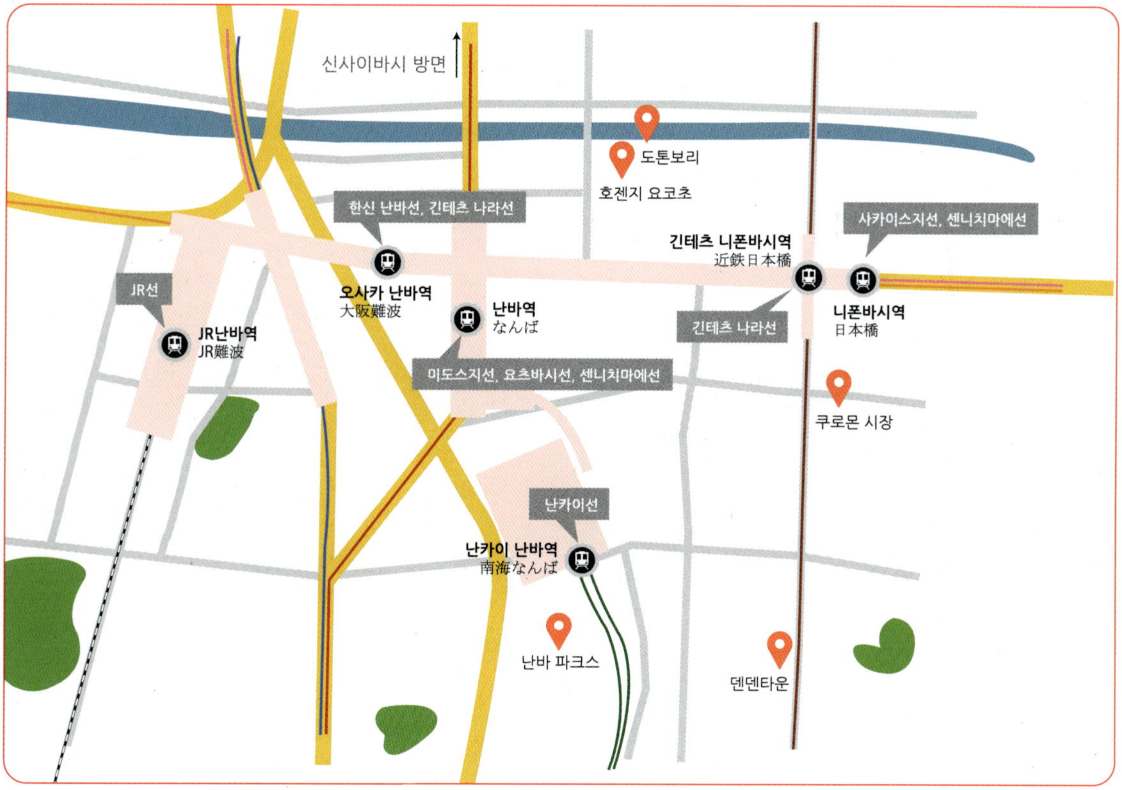

신사이바시 방면

JR선
JR난바역
JR難波

한신 난바선, 긴테츠 나라선
오사카 난바역
大阪難波

난바역
なんば
미도스지선, 요츠바시선, 센니치마에선

도톤보리
호젠지 요코초

긴테츠 니폰바시역
近鉄日本橋
긴테츠 나라선

사카이스지선, 센니치마에선
니폰바시역
日本橋

쿠로몬 시장

난카이선
난카이 난바역
南海なんば

난바 파크스

덴덴타운

NAMBA ── なんば

센니치마에 도구야스지 상점가
千日前道具屋筋商店街

`주방 용품 전문 거리`

식기, 조리 용품 등 주방에서 사용하는 모든 것이 밀집되어 있다. 고가의 제품보다는 실생활에서 자주 사용할 수 있는 제품을 저렴한 가격으로 구입할 수 있다. 특히 가게마다 세일 상품을 따로 모아 놓은 곳은 놓치지 말자. 미미한 흠은 있지만 정말 저렴한 가격으로 쇼핑할 수 있다.

- 지하철 미도스지선御堂筋線 난바なんば역 E3 출구에서 도보 5분 / 난카이 난바南海なんば역 남쪽 출구에서 도보 3분
- 10:00~18:00(상점마다 다름)
- 大阪府大阪市中央区難波千日前14-5

551 호라이 `551 蓬莱本店` `만두`

일본식 중화요리 집으로 육즙 가득한 부타망(豚まん, 1개, 290엔)이 유명하다. 부타망은 유명 백화점 식품 코너와 일부 역내 매장에서도 쉽게 구입할 수 있으므로 매장에 들른다면 부타망과 곁들여 식사를 즐겨보는 것도 좋다. 야키소바, 면 요리, 볶음밥 등 일품요리는 870~1700엔 선.

- 지하철 미도스지선御堂筋線 난바なんば역 11번 출구에서 도보 1분
- 11:00~21:30, 첫 번째, 세 번째 화요일 휴무, 비정기 휴무
- +816-6641-0551
- 大阪府大阪市中央区難波3-6-3(本店)

쥬테이 `重亭` `경양식`

1946년 오픈 이래 지금까지 맛으로 인정받아온 경양식 집이다. 대표 메뉴는 햄버그 스테이크 (ハンバーグステーキ, 1300엔)와 다진 고기를 튀겨낸 민치가스 (ミンチカツ, 1350엔). 저렴한 거리 음식이 넘치는 난바에서는 조금 비싸다는 느낌이 들지만 들러볼 가치는 충분하다. 현금 결제만 가능하다.

- 지하철 미도스지선御堂筋線 난바なんば역 11번 출구에서 도보 3분
- 11:30~15:00, 16:30~20:00, 화요일 휴무
- +816-6641-5719
- 大阪府大阪市中央区難波3-1-30

NAMBA ―――― なんば

카츠야 Katsuya 元祖とんかつカレー カツヤ `돈가스 카레`

'원조 돈가스 카레 카츠야'라는 상호명에서 느낄 수 있듯 돈가스 카레를 메인으로 내세우는 곳이다. 로스가스 카레는 1200엔, 히레가스 카레는 1800엔. 일본 여러 매체의 카레 특집 편에 자주 소개되었을 만큼 현지인에겐 유명한 곳이다. 현금 결제만 가능하다.

- 📍 지하철 미도스지선御堂筋線 난바なんば역 5번 출구에서 도보 8분 / JR난바 JR難波역 남쪽 출구에서 도보 5분
- 🕒 10:30-19:00, 일요일 휴무
- ☎ +816-6631-8988
- 🏠 大阪府大阪市浪速区元町2-6-25

이치미젠 一味禅 `텐동`

일본 전국 덮밥 그랑프리 튀김 덮밥(텐동) 부분에서 금상을 받은 텐동 전문점이다. 어떤 메뉴를 주문하든 맛과 푸짐한 양으로 만족감을 준다. 한국어 메뉴가 있는데, 각 메뉴마다 어떤 튀김이 들어가는지 설명되어 있어 메뉴를 선택하는 것이 어렵지 않다.

- 📍 지하철 미도스지선御堂筋線 난바なんば역 E9 출구에서 도보 6분 / 난카이 난바南海なんば역 남쪽 출구에서 도보 5분
- 🕒 11:00-20:00, 월요일 휴무, 비정기 휴무
- ☎ +816-6643-2006
- 🏠 大阪府大阪市浪速区日本橋3-6-8

카눌레 드 자퐁
CANELÉ du JAPON `디저트`

프랑스 전통 디저트 카눌레 전문점으로, 말차 베이스에 팥 앙금을 넣은 카눌레(抹茶 あんこ, 150엔)와 살구, 호지차, 흑설탕을 이용해 일본식으로 재해석한 카눌레를 맛볼 수 있다. 2명 정도만 들어가도 꽉 차는 작은 숍으로 테이크 아웃만 가능하다.

- 📍 JR야마토지선大和路線 JR난바JR難波역 남쪽 출구에서 도보 6분
- 🕒 10:00-19:00, 수요일 휴무
- ☎ +81-70-6920-8880
- 🏠 大阪府大阪市浪速区桜川1-6-24

난바파크스 なんばパークス `쇼핑몰`

난바의 랜드마크 격인 쇼핑몰로 '사람, 도시, 자연'이 하나로 어우러지는 것을 콘셉트로 하고 있다. 2층부터 9층까지 이어지는 가든을 조성해 자연이 공존하는 건물을 구현했다. 쇼핑, 식도락, 산책을 자연스럽게 즐길 수 있는 쇼핑몰로, 쇼핑 목적이 아니라도 들러볼 만하다.

- 📍 난카이 난바南海なんば역 중앙 출구·남쪽 출구에서 직결
- 🕒 숍 11:00-21:00, 레스토랑 11:00-23:00(상점마다 다름), 3~9F 파크가든 10:00-24:00, 비정기 휴무
- ☎ +816-6644-7100
- 🏠 大阪府大阪市浪速区難波中2-10-70

쿠로몬 시장 黒門市場

오사카를 대표하는 관광지 난바의 정중앙에 위치한 쿠로몬 시장黒門市場은 1800년 후반부터 오사카의 부엌이라고 불릴 만큼 오사카의 식문화를 책임지고 있다. 다양한 식재료를 갖추고 있어 오사카의 오래된 식당 주인도 매일 빠짐없이 이곳에서 재료를 공수해온다. 절반 이상의 가게들은 식당에 재료를 공급하는 도매상이지만 일반인과 관광객을 위한 소매도 겸하고 있다. 아케이드 안에 시장이 자리 잡고 있어 비가 와도 끄떡없으며, 신선한 재료로 만든 다양한 먹거리를 판매하고 있어 많은 사람들이 찾고 있는 인기 관광지다. 오사카 서민의 정서를 느끼며 배까지 든든하게 채울 수 있는 쿠로몬 시장에서 길거리 음식을 만나보자.

- 지하철 사카이스지선堺筋線, 센니치마에선千日前線 닛폰바시日本橋역 10번 출구에서 도보 5분
- 09:00-18:00
- +816-6631-0007
- 大阪府大阪市中央区日本橋2-4-1

해산물 덮밥 海鮮丼
1320엔~

와규 꼬치 和牛串焼き
1000엔~

NAMBA ── なんば

 가리비 구이 ホタテ焼き
600엔~

 굴 かき
1000엔~

 딸기 찹쌀떡 いちご大福
500엔~

 장어 꼬치 うなぎ串
1000엔~

 킹크랩 구이 タラバガニ
2500엔~

 과일 주스 フルーツジュース
500엔~

· SPECIAL PAGE ·
NAMBA

덴덴타운 でんでんタウン

덕후의 천국으로 오사카의 아키하바라 같은 곳이다. 그리 넓지 않은 지역에 다양한 히어로 캐릭터, 프라모델, 피규어, 관절인형 전문 숍 등이 콤팩트하게 밀집해 있어 쇼핑을 즐기기에 매우 좋다.

📍 지하철 미도스지선御堂筋線 난바なんば역 남동 4번 출구에서 도보 5분 / 지하철 사카이스지선堺筋線, 센니치마에선千日前線 니혼바시日本橋역 남서 5번 출구에서 도보 5분 / 난카이 난바南海なんば역 남쪽 출구에서 도보 1분

아스트로 좀비 ASTRO ZOMBIES OSAKA 아메리칸 캐릭터

아메리칸 캐릭터 전문 숍. 스타워즈, 배트맨 등 SF 캐릭터부터 밀림의 왕자 레오까지 친근한 캐릭터들이 총망라되어 있다. 누구나 알 만한 액션 캐릭터의 피규어, 프라모델, 마스크 외에 좀비 같은 마니악한 캐릭터, 고가의 희귀템이 가득하다.

🕐 12:00-19:00, 수요일 휴무, 연말연시 휴무
📞 +816-6630-8796
🏠 大阪府大阪市浪速区日本橋3-6-9

스루가야 駿河屋オタロード アニメ・ホビー館 중고 캐릭터 숍

중고 캐릭터 숍으로 프라모델, 피규어, 애니메이션 굿즈, 일러스트 등을 합리적인 가격으로 구입할 수 있다. 중고 제품이지만 새 제품 같은 것들이 많아 꼼꼼히 체크하면 원하던 아이템을 마음에 드는 가격에 구입할 수 있다. 남성 취향의 제품뿐 아니라 여성 취향의 캐릭터도 많다.

🕐 10:00-21:00, 연중무휴
📞 +816-6645-0801
🏠 大阪市浪速区日本橋3-8-18 平田ビル2・3F

· SPECIAL PAGE ·
NAMBA

정글 Jungle 피규어

일본 최대급 피규어 전문점으로 커다란 그랜다이저와 마징가 제트가 가게 앞에 떡 버티고 서 있어 눈길을 끈다. 피규어, 프라모델, 캐릭터 소품 그리고 코스프레 의상까지 아이템이 가득한 공간에 발을 들이면 시간이 어떻게 흐르는지도 모를 정도다.

- 🕒 12:00-20:00, 토~일요일, 공휴일 11:00-20:00, 연중무휴
- ☎ +816-6636-7444
- 🏠 大阪市大阪市浪速区日本橋3-4-16(大阪日本橋店)

슈퍼 키즈랜드 캐릭터관
スーパーキッズランドキャラクター館 건담 프라모델

커다란 건프라 간판이 멀리서도 한눈에 들어오는 건담 프라모델 전문 숍이다. 1층에는 TV 인기 애니메이션 피규어, 프라모델과 공구가 있고, 2층은 건담 프라모델과 관련 상품이 모여 있는 건담 전문 플로어로 되어 있다.

- 🕒 10:00-20:00
- ☎ +816-6648-1411
- 🏠 大阪府大阪市浪速区日本橋4-10-1

고토부키야 コトブキヤ 캐릭터

프라모델, 피규어는 물론 게임, 애니메이션 굿즈, 잡지, 실생활에 사용할 수 있는 소품 등 다방면으로 상품이 구비되어 있다. 4층 아존 레이블 숍에는 아존사의 구체관절인형과 인형 옷, 액세서리 등을 판매한다.

- 🕒 12:00-20:00
- ☎ +816-6630-1280
- 🏠 大阪府大阪市浪速区日本橋4-15-18 コトブキビル(日本橋店)

보크스 ボークス大阪ショールーム 중고 피규어 숍

중고 피규어 숍으로 판매자가 보크스의 쇼케이스를 렌털해 직접 가격을 책정한 후 위탁판매하는 곳이다. 카테고리, 가격대별로 정리가 매우 잘 되어 있어 보기는 편하지만, 같은 제품이라도 가격이 여러 가지이므로 신중하게 선택해야 한다.

- 🕒 11:00-20:00, 비정기 휴무
- ☎ +816-6634-8155
- 🏠 大阪府大阪市浪速区日本橋4-9-18

도톤보리 道頓堀

오사카를 대표하는 관광지로 항상 활기가 넘친다. 특히 밤이 되면 도톤보리 강을 따라 양옆으로 커다란 간판과 네온사인이 저마다 존재감을 과시하며 빛을 밝힌다. 타코야키, 오코노미야키, 쿠시카츠 등 오사카를 대표하는 맛집은 거의 이곳에 모여 있다 해도 과언이 아니다.

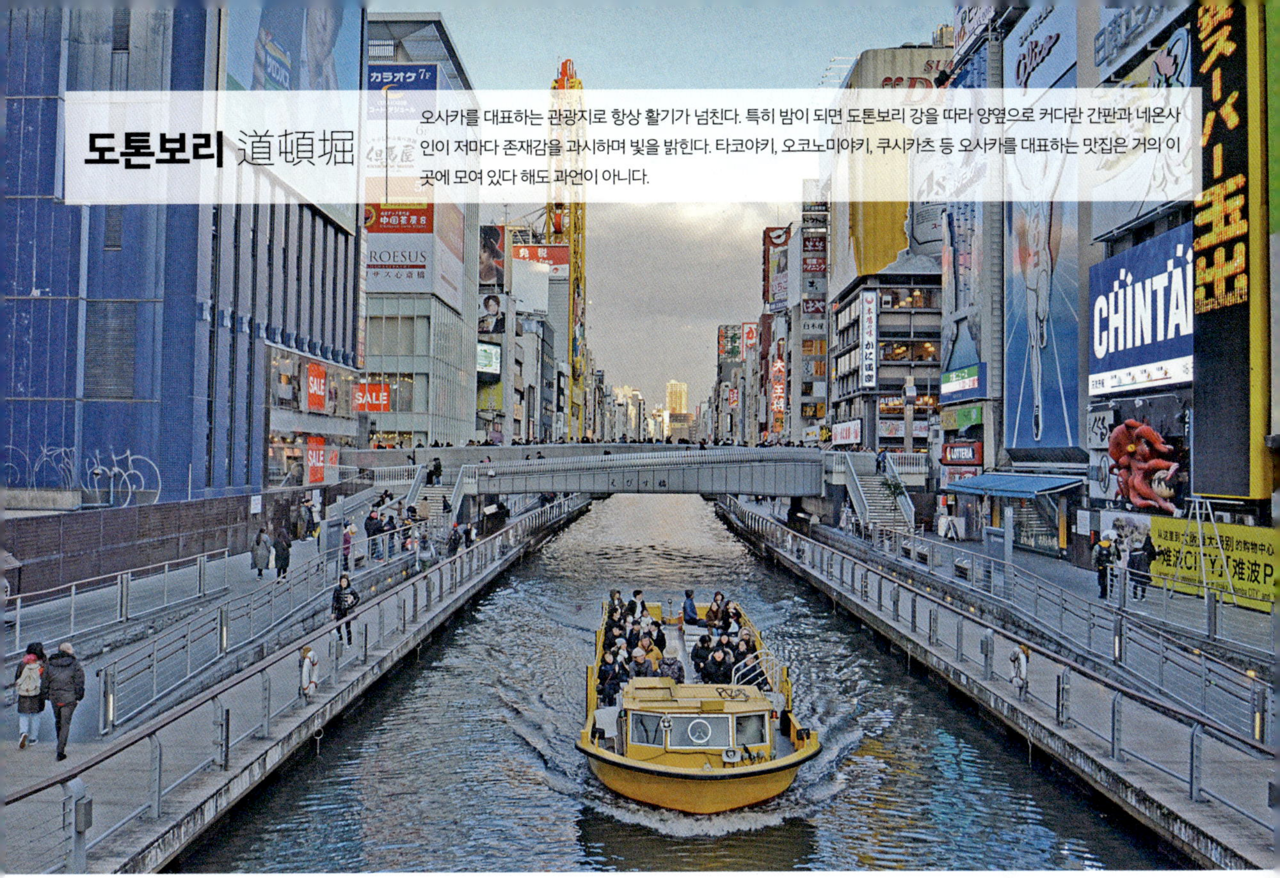

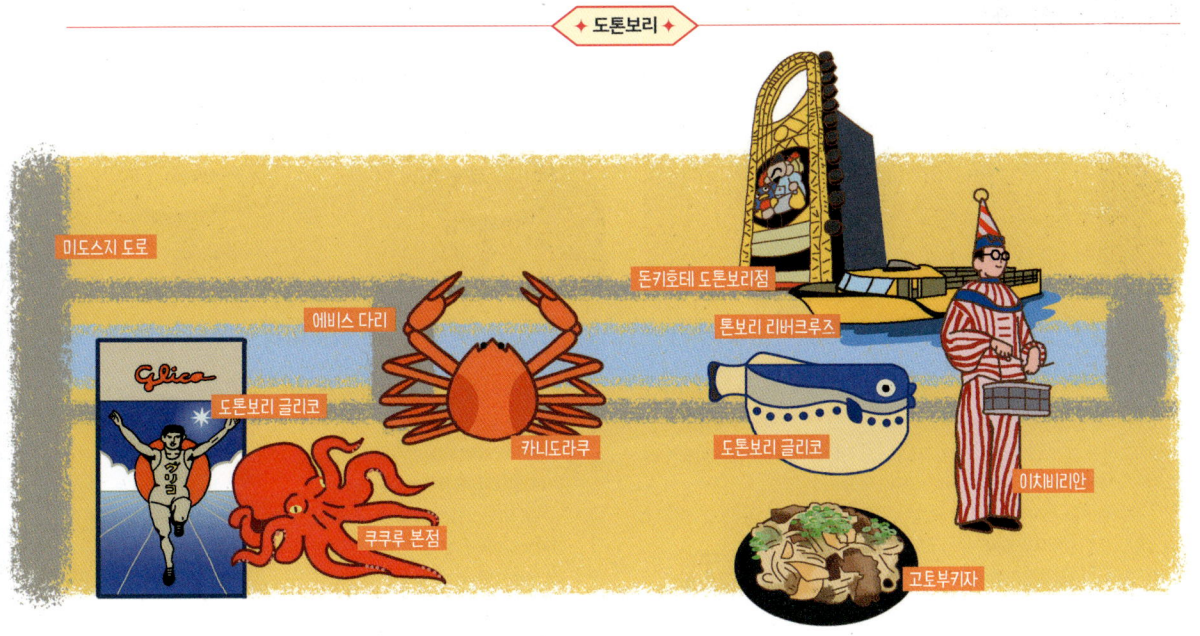

도톤보리

미도스지 도로
돈키호테 도톤보리점
에비스 다리
톤보리 리버크루즈
Glico
도톤보리 글리코
카니도라쿠
도톤보리 글리코
이치비리안
쿠쿠루 본점
고토부키자

쿠쿠루 본점 たこ家道頓堀くくる 本店 `타코야키`

커다란 문어 간판으로 눈길을 끄는 타코야키 전문점이다. 기본 타코야키는 8개에 980엔이며 타코야키를 국물에 적셔 먹는 아카시야키(明石焼, 940엔)가 대표 메뉴다. 큼직한 문어가 타코야키 밖으로 삐죽 튀어나와 있는 빅쿠리 타코야키(びっくりたこ焼, 1980엔)는 이곳, 본점에서만 판매한다.

- 지하철 미도스지선御堂筋線, 요츠바시선四つ橋線, 센니치마에선千日前線 난바なんば역 14번 출구에서 도보 2분
- 월~금요일 11:00~21:00, 토, 일요일, 공휴일 10:00~21:00, 비정기 휴무
- +816-6212-7381
- 大阪府大阪市中央区道頓堀1-10-5 白亜ビル1F(本店)

카니도라쿠 かに道楽 道頓堀本店 `게 요리`

게 요리 전문점으로 다리가 움직이는 거대한 대게 간판은 도톤보리의 상징과도 같다. 대게 회, 대게 달걀찜, 대게 튀김, 대게 스시, 대게 그라탱 등이 나오는 카니카이세키かに会席는 런치 3300~5720엔, 디너 5830~9900엔에 맛볼 수 있다. 도톤보리에만 3개 지점이 있다.

- 지하철 미도스지선御堂筋線, 요츠바시선四つ橋線, 센니치마에선千日前線 난바なんば역 14번 출구에서 도보 3분
- 11:00~22:00, 연중무휴
- +816-6211-8975
- 大阪府大阪市中央区道頓堀1-6-18(道頓堀本店)

앤드류의 에그타르트 アンドリューのエッグタルト `에그타르트`

마카오식 에그타르트를 선보인 로드 스토우 베이커리의 제조공법 그대로 만들어낸 에그타르트 전문점이다. 바삭한 타르트에 깊고 진한 커스터드 크림이 듬뿍 담겨 있는 마카오식 에그타르트는 도톤보리의 간식으로도 유명하다. 오리지널을 비롯해, 스트로베리, 캐러멜, 말차 등 다양한 종류가 있다(1개 300~350엔).

- 지하철 미도스지선御堂筋線, 요츠바시선四つ橋線, 센니치마에선千日前線 난바なんば역 14번 출구에서 도보 1분
- 11:00~21:00, 비정기 휴무
- +816-6214-3699
- 大阪府大阪市中央区道頓堀1-10-6(道頓堀本店)

이치란 一蘭 `라멘`

후쿠오카에서 시작된 라멘 프랜차이즈로 도톤보리에는 본관과 별관 2개의 지점이 있다. 메뉴는 돈코츠 라멘(980엔) 한 종류다. 라멘 맛도 좋지만 본인의 기호에 맞게 마늘, 파, 고춧가루, 기름, 차슈 고기, 면을 삶는 정도까지 모두 선택할 수 있다. 한국어 주문 용지도 있으니 걱정하지 않아도 된다.

- 지하철 미도스지선御堂筋線, 요츠바시선四つ橋線, 센니치마에선千日前線 난바なんば역 14번 출구에서 도보 5분
- 10:00~22:00
- +816-6612-1805
- 大阪府大阪市中央区宗右衛門町7-18 (株)田舎そばビル(道頓堀店本館)

DOTONBORI ──── 道頓堀

톤보리 리버 크루즈
Tombori River Cruise
とんぼりリバークルーズ `유람선`

돈키호테 앞에서 출항해 약 2km에 걸쳐 도톤보리 강을 따라 운항하는 소요 시간 20분의 미니 크루즈로, 활기 넘치는 도톤보리의 풍경을 배 위에서 즐길 수 있다. 매표소에서 당일 운항 편 티켓을 예약, 구매할 수 있으며 전화 예약은 안 된다. 매표소는 12시에 오픈한다.

- 📍 지하철 미도스지선御堂筋線, 요츠바시선四つ橋線, 센니치마에선千日前線 난바なんば역 14번 출구에서 도보 5분, 돈키호테 도톤보리점 앞 선착장(매표소는 돈키호테 바로 옆)
- 🕐 13:00-21:00 매시 정각, 30분, 7~8월 중 임시 휴무일 있음. 기상 악화에 따른 임시 운휴일 있음
- ☎ +816-6441-0532
- ¥ 성인 1200엔, 학생 800엔, 어린이(초등학생 이하) 400엔, 미취학 어린이는 성인 1명당 1명 무료, 오사카 주유 패스 소지자 무료
- 🏠 大阪府大阪市中央区道頓堀1-6-7
- @ www.ipponmatsu.co.jp/cruise/tombori.html

돈키호테 ドン・キホーテ `드러그스토어`

일본 최대 규모의 디스카운트 스토어로, 세계 최초 세로형 대관람차 에비스타워로 유명하다. 잡화, 전자 제품, 식품, 화장품, 일상 소모품 등을 저렴하게 구입할 수 있으며 면세 혜택도 받을 수 있다. 에비스타워는 한 바퀴 도는 데 15분이 걸리며 성인 600엔이다.

- 📍 지하철 미도스지선御堂筋線, 요츠바시선四つ橋線, 센니치마에선千日前線 난바なんば역 14번 출구에서 도보 5분
- 🕐 11:00-03:00, 연중무휴
- ☎ +816-4708-1411
- 🏠 大阪府大阪市中央区宗右衛門町7-13(道頓堀店)

이치비리안 도톤보리점 いちびり庵 道頓堀店 `기념품 숍`

오사카의 대표 캐릭터 쿠이다오레 타로 인형 바로 옆에 있는 오사카 기념품 숍. 쿠이다오레 타로의 오피셜 숍 '쿠이다오레 타로 혼포くいだおれ太郎本舗'가 병설되어 있으며 4000종류가 넘는 기념품을 만날 수 있다.

- 📍 지하철 미도스지선御堂筋線, 요츠바시선四つ橋線, 센니치마에선千日前線 난바なんば역 14번 출구에서 도보 5분
- 🕐 11:00-19:30, 연중무휴
- ☎ +816-6212-5104
- 🏠 大阪府大阪市中央区道頓堀1-7-21 中座くいだおれビル1F(道頓堀店)

`SPECIAL PAGE DOTONBORI`

도톤보리, 이런 곳도 놓치지 말자!

호젠지 요코초 法善寺橫丁 먹자골목

80m에 이르는 골목길로, 양옆으로 오래된 노포, 요릿집, 오코노미야키 집, 쿠시카츠 집 등 60여 개의 가게들이 다닥다닥 늘어서 있다. 골목길 한가운데 위치한 호젠지 절에 있는 부동명왕상에 물을 끼얹고 소원을 빌면 소원이 이루어진다고 하여 기도하는 사람들이 눈에 띈다.

📍 지하철 미도스지선御堂筋線, 요츠바시선四つ橋線, 센니치마에선千日前線 난바なんば역 14번 출구에서 도보 5분

키가와 Kigawa 浪速割烹 喜川 일본 요리

2대째 이어져온 고급 일본 요릿집으로 프렌치 조리법과 일본 전통 조리법을 접목시킨 일본 요리를 선보이고 있다. 런치 9240~1만 8191엔, 디너 1만 8150~3만 1762엔. 예약제로 운영되기 때문에 전화로 미리 예약해야 한다.

📍 지하철 미도스지선御堂筋線, 요츠바시선四つ橋線, 센니치마에선千日前線 난바なんば역 14번 출구에서 도보 5분
🕒 런치 12:00-14:00, 디너 17:00-22:00, 월요일 휴무
📞 +816-6211-3030(예약 전용 +8150-5232-9467)
🏠 大阪府大阪市中央区道頓堀1-7-7

SPECIAL PAGE
DOTONBORI

마츠자카큐 야키니쿠 M 松阪牛焼肉 M 法善寺横丁店 `야키니쿠`

고급 소고기인 마츠자카큐를 합리적인 가격으로 맛볼 수 있는 마츠자카큐 전문점이다. 전채, 샐러드, 마츠자카큐, 밥, 디저트가 세트로 되어 있는 코스는 8580~1만 5180엔. 12부위의 소고기 중 원하는 부위만 선택해서 주문할 수도 있다(1500~7000엔). 현지인과 관광객 모두에게 인기가 있으므로 주말 식사 시간대에는 미리 예약을 하는 것이 좋다.

- 지하철 미도스지선御堂筋線, 요츠바시선四つ橋線, 센니치마에선千日前線 난바なんば역 14번 출구에서 도보 5분
- 17:00~24:00, 연중무휴
- +816-6211-2917
- 大阪府大阪市中央区難波1-1-19

초지로 회전 스시 CHOJIRO 廻転寿司 `회전 스시`

가격은 조금 높은 편이지만 맛에 있어 만족도가 높은 회전 스시 집이다. 190엔의 저가 스시부터 1060엔의 혼마구로(참다랑어) 스시까지 폭넓은 가격대의 메뉴를 구비하고 있다. 스시를 직접 골라 먹을 수 있는 카운터 좌석과 테이블 좌석이 있으며 테이블 좌석에선 태블릿으로 주문한다(한국어 지원).

- 지하철 미도스지선御堂筋線, 요츠바시선四つ橋線, 센니치마에선千日前線 난바なんば역 14번 출구에서 도보 4분
- 평일 11:00~15:00, 16:45~22:30, 토~일요일, 공휴일 11:00~22:30, 연중무휴
- +816-6227-8337
- 大阪府大阪市中央区難波1-2-10-2F(法善寺店)

츠루통탄 つるとんたん `우동`

도쿄에서 시작된 우동 전문점으로, 탱탱한 면발, 세숫대야만큼이나 커다란 그릇에 담겨 나오는 우동으로도 유명하지만 무엇보다 다른 곳에는 없는 색다른 메뉴가 많아서 골라 먹는 재미가 있다. 각종 카레우동 크림우동, 냉우동 등 정말 다양한 메뉴가 가득하며, 특히 도쿄에선 맛볼 수 없는 간사이 한정 메뉴와 계절 한정 메뉴도 놓치지 말자. 우동은 880~1980엔.

- 지하철 사카이스지선堺筋線, 센니치마에선千日前線 닛폰바시日本橋역, 긴테츠 닛폰바시近鉄日本橋역 2번 출구에서 도보 3분
- 월~목요일&일요일 11:00-06:00, 금~토요일 11:00-08:00
- +81-6-6211-0021
- 大阪府大阪市中央区宗右衛門町3-17(宗右衛門町店)

다이코쿠 かやくご飯 大黒 `교토 가정식`

1902년 오픈한 노포로 교토의 가정식 '오반자이おばんざい'를 맛볼 수 있다. 각종 채소와 함께 지은 밥인 카야쿠 고항(かやくご飯, 400~580엔)에 자신이 원하는 국과 반찬을 고르면 된다. 반찬 중 인기 있는 것은 가자미조림(650엔), 우엉 볶음(400엔) 등이며 밥, 국, 반찬 모두 해서 1500엔 선 정도 예상하면 된다. 한국어 메뉴도 있다.

- 지하철 미도스지선御堂筋線, 요츠바시선四つ橋線, 센니치마에선千日前線 난바なんば역 25번 출구에서 도보 1분
- 11:30-15:00, 일~월요일, 공휴일 휴무
- +816-6211-1101
- 大阪府大阪市中央区道頓堀2-2-7

心斎橋

신사이바시

젊은 취향의 패션 거리 아메리카 무라, 세련된 카페와 인테리어 숍이 밀집한 오렌지 스트리트 등 색깔이 뚜렷한 쇼핑 거리가 공존하는 곳이다. 골목골목 숨어 있는 특이한 숍과 아기자기한 카페를 보물찾기하듯 찾아내는 재미가 있다.

SHINSAIBASHI ─── 心斎橋

주요 전철 및 지하철 역

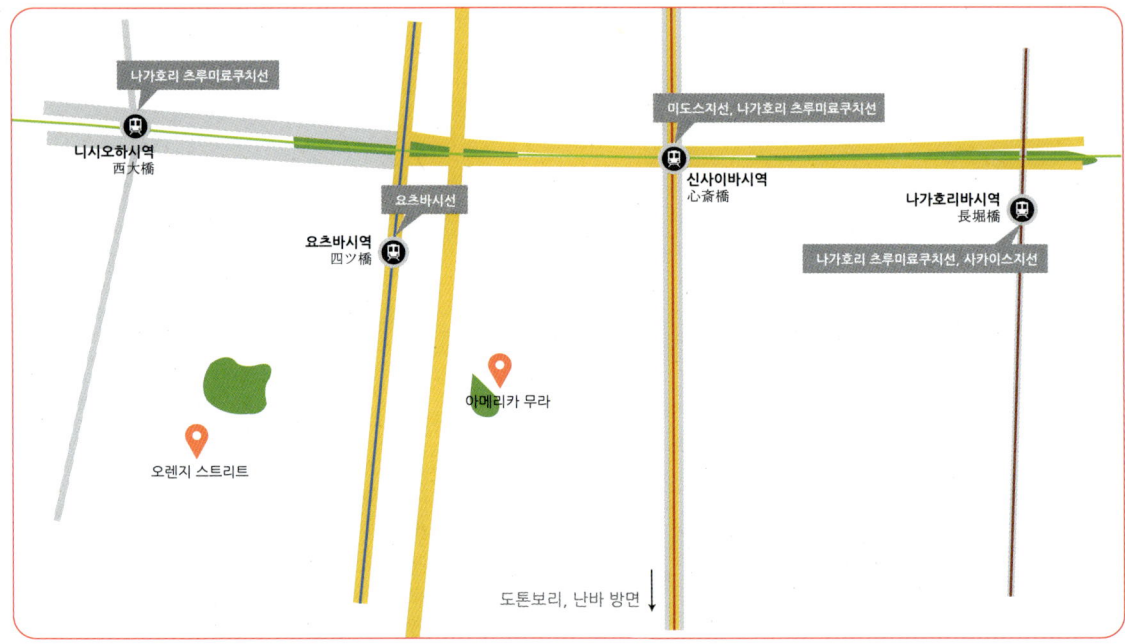

아메리카 무라 アメリカ村 명소 거리

10대 후반~20대 초반의 젊은 층이 주로 찾는 캐주얼한 패션 거리로, 이들을 타깃으로 하는 구제 의류, 액세서리, 레코드 가게 등 2500여 개 가게들이 모여 있다. 아메리카 무라 중앙에 있는 삼각 공원에서는 주말이면 라이브 공연과 벼룩시장이 열려 거리에 활기를 더한다.

- 지하철 미도스지선御堂筋線 신사이바시心斎橋역 7번 출구에서 도보 3분 / 지하철 요츠바시선四つ橋線 요츠바시四ツ橋역 5번 출구에서 도보 3분
- 상점마다 다름

마루 산카쿠 시카쿠 マルサンカクシカク(○△□) 타르트

타르트 전문점으로 10종류의 타르트를 판매한다. 가장 인기 있는 것은 베이크드 레어 치즈 타르트. 타르트 1조각은 496엔이며 원하는 조각 타르트를 골라 하프사이즈(4조각, 1984엔)과 홀 사이즈(8조각, 3968엔)로 구입할 수 있다

- 지하철 요츠바시선四つ橋역 4번 출구에서 도보 3분
- 11:00-19:00, 월요일 휴무
- +816-6537-7338
- 大阪市西区北堀江1-17-1 Cor bld. 1F(北堀江本店)

Saturdays NYC 패션 숍 & 카페

뉴욕 등 대도시에 사는 사람들의 라이프 스타일에 맞는 편안하고 모던한 컬렉션을 제안, 인기를 끌고 있는 미국 브랜드로 오사카에는 신사이바시에만 매장이 있다. 2층에는 숍이 있고 1층은 카페로 되어 있는데, 탁 트인 모던한 공간의 카페는 쇼핑과 상관없이 한번 들러볼 만하다.

- 지하철 미도스지선御堂筋線 신사이바시心斎橋역 3번 출구에서 도보 3분
- 숍 11:00~20:00, 카페 09:00~20:00, 비정기 휴무
- +816-4963-3711
- 大阪府大阪市中央区南船場4-13-22 1~2F

잇카쿠 Ikkaku Shingsibasi 一鶴 닭고기 요리

우동으로 유명한 카가와의 명물 호네츠키도리骨付鳥를 맛볼 수 있다. 뼈를 바르지 않은 닭 다리를 마늘, 후추, 소금 등으로 간을 하고 구워낸 것으로, 영계를 사용한 히나도리(ひなどり, 1001엔)와 노계를 사용한 오야도리(おやどり, 1129엔) 2가지가 있다. 한국인 입맛에는 부드러운 영계가 더 잘 맞는다.

- 지하철 미도스지선御堂筋線 난바なんば역 14번 출구에서 도보 4분 / 신사이바시心斎橋역 6번 출구에서 도보 6분
- 17:00~23:00, 토~일요일, 공휴일 11:00~23:00, 목요일 휴무
- +816-6213-0817
- 大阪府大阪市中央区心斎橋筋2-6-14 アクロスビル3F(心斎橋店)

아크네 스튜디오 Acne Studios Midosuji 패션 숍

1996년 스톡홀름에서 조니 요한슨이 설립한 패션 숍으로 군더더기 없이 깔끔하고 담백한 데일리 룩을 연출할 수 있는 의류, 가방, 액세서리 등을 판매한다. 단독 매장은 신사이바시뿐이며 주로 대형 쇼핑몰 몇 곳에 입점해 있다.

- 지하철 미도스지선御堂筋線 신사이바시心斎橋역 5, 6번 출구에서 도보 2분
- 11:00~20:00, 비정기 휴무
- +816-6251-8670
- 大阪府大阪市中央区心斎橋筋1-9-8

미스터 칸소 본점 mr. kanso 통조림 전문점

'통조림과 술을 즐길 수 있는 가게'라는 테마의 통조림 전문 바Bar다. 타코야키, 야키토리 등 평범한 통조림부터 칸소 오리지널 통조림, 세계 각국의 인기 통조림 등이 다양하게 구비되어 있다. 가격은 200~2000엔. 먼저 통조림을 고른 후 카운터에서 술을 함께 주문하고 계산하면 된다.

- 지하철 요츠바시四ツ橋선 6번 출구에서 도보 6분, 캐널테라스 호리에 2층
- 일~목요일 17:00~02:00, 금~토요일 17:00~05:00, 연말연시 휴무
- +816-6536-1333
- 大阪府大阪市西区南堀江1-5-26 キャナルテラス堀江2F(本店)

Blythe Brings Bloom

SPECIAL PAGE SHINSAIBASHI 오렌지 스트리트 ORANGE STREET

가구점 일색이었던 가구 거리 타치바나 도리立花通り에 편집 숍, 잡화점, 카페 등이 속속 들어서며 현재는 세련된 쇼핑·카페 거리로 탈바꿈해 오렌지 스트리트로 더 유명하다. 가구 거리였던 만큼 인테리어 숍과 가구점도 남아 있다. 산책하듯 거닐며 쇼핑을 즐기기에 그만이다.

📍 지하철 요츠바시선四つ橋線 요츠바시四ツ橋역 5번 출구에서 도보 5분

비오탑 BIOTOP 카페 & 편집 숍

세련된 라이프 스타일을 제안하는 멀티숍이다. 1층에는 카페 코너 스탠드CORNER STAND와 가드닝 제품을 판매하는 비오탑 너서리BIOTOP NURSERIES, 1~2층에는 옷과 코스메틱을 판매하는 편집 숍, 4층에는 초록으로 가득한 레스토랑 쿠비에르타 CUBIERTA가 있다. 숍 곳곳에 화분을 두어 청량감이 가득하다.

🕐 11:00-20:00, 비오탑 너서리 11:00-19:00, 코너 스탠드 11:00-20:00, 쿠비에르타 11:00-23:00, 비정기 휴무
📞 +816-6531-8223
🏠 大阪府大阪市西区南堀江1-16-1 メブロ16番館1·2·4F

오버라이드 override 모자 전문점

모자 전문 편집 숍으로 편하게 착용할 수 있는 캐주얼 스타일부터 고급 소재의 고가 모자까지 다양하게 구비되어 있으며, 모자에 어울릴 만한 액세서리도 함께 판매한다. 모자를 좋아한다면 들러볼 만하다.

🕐 12:00-20:00, 비정기 휴무
📞 +816-6110-7351
🏠 大阪府大阪市西区南堀江1-15-4(南堀江店)

SPECIAL PAGE
SHINSAIBASHI

Tables Coffee Bakery & Diner 카페&레스토랑

녹음이 가득한 오사카 미나미호리에 공원 앞의 위치한 카페 & 레스토랑이다. 전체적으로 여유로운 공간으로 되어 있으며, 테라스 석도 준비되어 있다. 런치, 디너, 카페 메뉴가 각각 있어, 하루 종일 이용할 수 있다. QR로 주문, 한국어도 지원되기 때문에 주문이 편리하다.

- 🕐 일~목요일 11:00-20:00, 금~토요일 11:00-21:00, 비정기 휴무
- ☎ +816-6578-1022
- 🏠 大阪府大阪市西区南堀江2-9-10(南堀江店)

타임리스 컴포트 TIMELESS COMFORT 생활 잡화

실용적이면서도 예쁜 주방 용품, 모던 베이식한 디자인의 가구와 심플하면서도 감각적인 인테리어 소품이 1~2층을 가득 채우고 있는 생활 잡화점이다. 1층 입구 바로 옆에 카페가 있어 쇼핑한 후 잠시 쉬어 가기에도 그만이다.

- 🕐 11:00-19:00, 비정기 휴무
- ☎ +816-6533-8620
- 🏠 大阪市西区南堀江1-19-26

슈프림 오사카 Supreme Osaka 패션 숍

미국의 글로벌 패션 브랜드로, 스트리트 웨어와 스케이트보드 문화를 바탕으로 다양한 의류와 아이템을 구입할 수 있다. 개성 넘치는 티셔츠와 후드티, 모자 등의 아이템과 유명한 로고와의 컬래버레이션 제품을 구입할 수 있다.

- 📍 지하철 난보쿠선南北線 키타니주온초北24条역 1번 출구에서 도보 1분
- 🕐 11:00-18:00, 월요일 휴무
- ☎ +816-6533-0705
- 🏠 大阪府大阪市西区南堀江1-9-8

우니코 unico 가구 & 잡화

창고를 개조한 3층 건물을 이용한 숍으로, 가구·잡화 전문점답게 플로어별로 컬러를 다르게 한 인테리어가 인상적이다. 소파, 다이닝 테이블 등 북유럽 앤티크 가구부터 커튼, 러그, 조명 기구 같은 인테리어 소품과 식기, 슬리퍼 등 소소한 아이템까지 인테리어에 대한 모든 것을 판매하고 있다.

- 🕐 11:00-20:00, 비정기 휴무
- ☎ +816-4390-6155
- 🏠 大阪府大阪市西区南堀江1-15-28(堀江店)

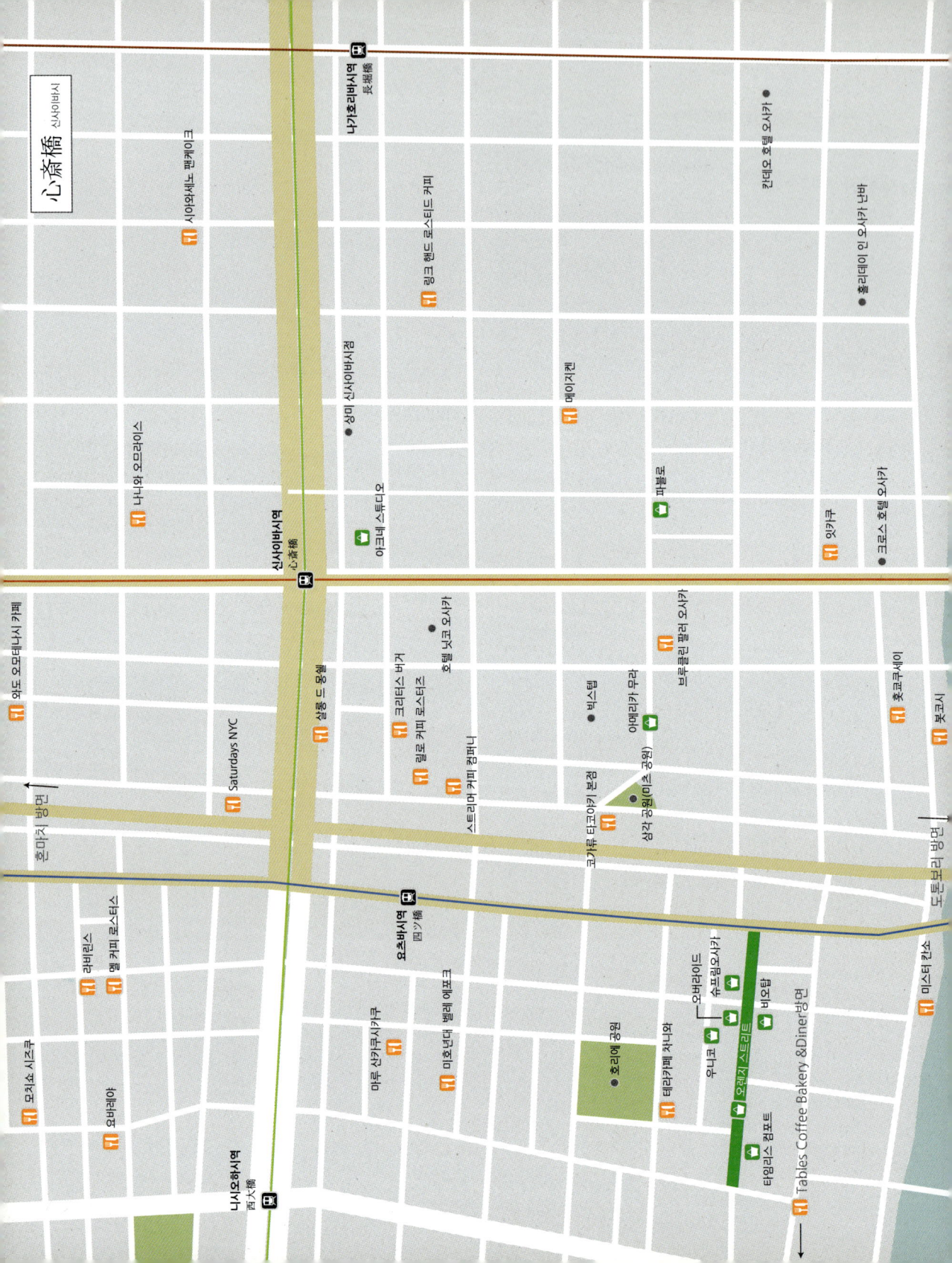

梅田

우메다

JR오사카역을 필두로 각종 지하철과 전철이 이곳을 지나며, 인근 도시와 다른 지역으로 향하는 고속버스 터미널이 있는 교통의 요지다. 하루 250만 명 이상이 이용하는 오사카역과 우메다역 주변으로 고층 건물과 백화점, 편집 숍, 초특급 호텔이 밀집해 있다.

찾아가기

간사이 공항 → JR칸쿠 쾌속JR関空快速 63분 / 1210엔 → 오사카역 大阪

간사이 공항 → 리무진 버스 70분 / 1600엔 → 하비스 오사카 (오사카역)

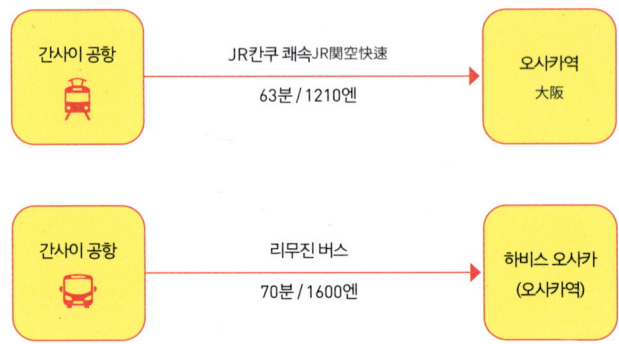

주요 전철 및 지하철 역

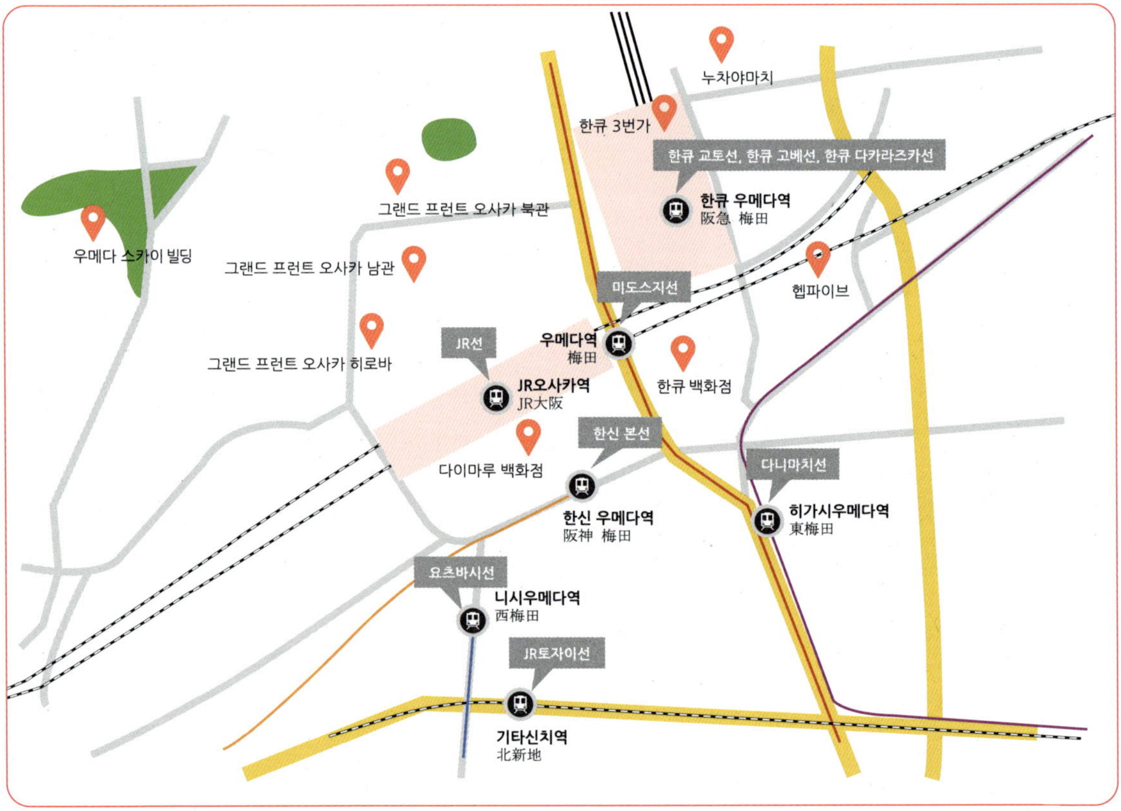

UMEDA ———— 梅田

우메다 스카이 빌딩 공중 전망대
梅田スカイビル 空中庭園展望台 `전망대`

우메다 스카이 빌딩 이스트와 웨스트 2개 동을 360도 연결한 원형 전망대로, 173m 높이에서 오사카 시내를 한눈에 조망할 수 있다. 39층 티켓 카운터에서 40층 전망대로 향하는 하늘에 떠 있는 듯한 엘리베이터가 압권이다. 또한 노을 진 하늘과 빌딩 숲이 어우러진 풍경과 야경이 아름다워 일몰 시간에 맞춰 가는 것이 좋다. 옥상 루프톱으로 나가면 시원한 바람을 맞으며 경치를 즐길 수 있다.

- JR오사카JR大阪역 3층 구름다리 출구에서 도보 10분
- 09:30-22:30, 1월 1일 05:00-20:00, 연중무휴
- 성인 1500엔, 4세~초등학생 700엔, 4세 미만 무료
- +816-6640-3855
- 大阪府大阪市北区大淀中1-1-88 梅田スカイビル

LOFT 梅田ロフト `잡화`

인테리어 용품부터 문구, 화장품과 건강 용품, 가정용품, 만화책이나 피규어와 같은 취미 용품을 모두 갖추고 있는 생활 잡화점이다. 희귀한 잡화나 로프트 제작의 오리지널 제품, 아이디어 상품이 많다.

- 한큐 우메다阪急梅田역 차야마치 출구茶屋町口에서 도보 5분 / 지하철 미도스지선御堂筋線 나카츠中津역에서 도보 7분
- 11:00-21:00, 비정기 휴무
- +816-6359-0111
- 大阪府大阪市北区茶屋町16-7

에그스앤띵스 Eggs 'n Things `팬케이크`

1974년 오픈 이래 지금까지 사랑받고 있는 하와이의 유명 팬케이크 전문점의 오사카 지점이다. 볼륨감 가득한 팬케이크는 한 끼 식사로도 충분하여, 브런치를 즐기려는 사람들의 발길이 끊이지 않는다. 대표메뉴는 스트로베리 휘핑크림과 마카다미아 넛츠ストロベリーホイップクリームとマカデミアナッツ1507엔.

- JR오사카JR大阪역에서 도보 5분
- 09:00-20:00, 비정기 휴무
- +816-6459-7441
- 大阪府大阪市北区茶屋町1-45(梅田茶屋町店)

더블데이 DOUBLEDAY 잡화

'Retro Fusion 새로운 것과 오래된 것의 조화'라는 콘셉트의 라이프 스타일 숍으로 오래도록 쓸 수 있는 제품, 심플하면서도 고급스러운 제품 등을 판매한다. 유럽에서 가져온 앤티크 가구부터 일본 전통미를 담은 인테리어 잡화, 생활 잡화, 의류 등 생활 전반에 필요한 물건이 모두 갖추어져 있다.

- 📍 한큐 우메다阪急梅田역 차야마치 출구茶屋町口에서 도보 1분 / 지하철 미도스지선御堂筋線 우메다梅田역 1번 출구에서 도보 4분 / JR오사카JR大阪역 미도스지 출구御堂筋口에서 도보 7분, 누차야마치 플러스 2층
- 🕐 11:00-21:00, 비정기 휴무
- ☎ +816-6292-8526
- 🏠 大阪府大阪市北区茶屋町8-26 NU茶屋町プラス2F(NU茶屋町プラス店)

허비스 플라자 엔트 HERBIS PLAZA ent 명품 쇼핑몰

전 세계적으로 유명한 명품 브랜드만을 모아 놓은 쇼핑몰이다. 고급스러운 분위기에 층별로 많지 않은 숍이 입점해 있어 다른 쇼핑몰보다 여유롭게 쇼핑할 수 있다. 7층에는 극단 시키四季의 전용 극장이 있어 뮤지컬도 관람할 수 있다.

- 📍 JR오사카JR大阪역 사쿠라바시 출구桜橋口에서 도보 2분 / 지하철 미도스지선御堂筋線 우메다梅田역 남쪽 출구에서 도보 5분
- 🕐 숍 11:00-20:00, 레스토랑 11:00-23:00(상점마다 다름), 비정기 휴무
- ☎ +816-6343-7500
- 🏠 大阪府大阪市北区梅田2-5-25

무기토멘스케 麦と麵助 라멘

현지인에게 인기 있는 라멘집으로, 최근에는 관광객에게도 알음알음 알려진 곳이다. 깔끔한 분위기의 실내는 전부 테이블 석으로 단 13개의 좌석만이 있어 긴 줄을 각오해야 한다. 대표 메뉴는 특제 닭 육수 간장 소바(特製蔵出し醬油そば, 1390엔)와 잔멸치로 육수를 낸 특제 이리코 소바(特製イリコそば, 1350엔). 자판기에서 식권을 구입하는 방식으로 카드는 사용할 수 없다.

- 📍 지하철 미도스지선御堂筋線 나카츠中津역 1번 출구에서 도보 4분, JR오사카JR大阪역에서 도보 15분
- 🕐 11:00-15:30, 토~일요일 11:00-16:00, 화요일 휴무
- ☎ +816-6452-2101
- 🏠 大阪府大阪市北区豊崎3-4-12

SPECIAL PAGE
UMEDA

UMEDA SHOPPING

JR오사카역과 우메다역을 중심으로 백화점, 편집 숍, 명품관 등 다양한 쇼핑몰이 모여 있는 우메다. 너무 많은 쇼핑몰이 한곳에 모여 있어 쇼핑이 편리할지 모르지만 오히려 당황스러울 수도 있다. 우선 내가 원하는 브랜드가 입점해 있는지를 확인하고 쇼핑몰을 선택하는 것이 중요하다. 최근 핫한 쇼핑몰과 관광객이 많이 찾는 숍이 입점한 곳을 소개한다.

그랜드 프론트 오사카
GRAND FRONT OSAKA 쇼핑몰

JR오사카역 옆 대형 복합 쇼핑몰로 남관(타워 A), 북관(타워 B, 타워 C)으로 나뉘어 있다. 쇼핑몰, 레스토랑과 카페, 오피스, 컨벤션 센터 그리고 인터콘티넨탈 호텔이 있는 오사카 최대 규모의 복합 시설이다.

📍 JR오사카JR大阪역에서 도보 3분 / 지하철 미도스지선御堂筋線 우메다梅田역에서 도보 3분
🕐 숍 11:00~21:00, 레스토랑 11:00~23:00(상점마다 다름), 비정기 휴무
📞 +816-6372-6300
🏠 大阪市北区大深町4-1(うめきた広場), 4-20(南館), 3-1(北館)

91

SPECIAL PAGE
UMEDA

마가렛 호웰 MARGARET HOWELL `패션`
우리에게는 MHL 에코백으로 더 유명한 브랜드로, 자연스럽고 편안하며 심플한 매니시 룩을 좋아한다면 꼭 한번 들려야 할 곳이다. 내추럴한 프렌치 스타일에 격식 있는 영국식 스타일이 적절하게 배어나는 옷, 가방, 신발 등의 제품이 구비되어 있다.
📍 남관 2F

카시라 CA4LA `모자`
13명의 디자이너가 만드는 독특한 모자부터 세계 여러 나라에서 수입한 모자까지 다양한 모자가 구비되어 있는 곳이다. 최근에는 다른 브랜드와의 협업으로 새로운 디자인을 선보이기도 했다.
📍 남관 2F

자라 홈 ZARA HOME `인테리어`
베드 리넨, 테이블클로스, 타월 등 하우스 인테리어에 필요한 다양한 제품이 구비되어 있다. 키즈 코너에는 애기부터 남녀 어린이의 방을 예쁘게 꾸밀 수 있는 패브릭 제품을 비롯해 옷과 신발 등이 있다.
📍 북관 1F

무인양품 無印良品 `생활 잡화`
설명이 필요 없는 무인양품 매장으로 편안한 의류와 엄선한 식품, 심플한 디자인의 문구와 세련된 인테리어 소품과 가구 등 생활 전반에 필요한 모든 것이 갖추어져 있다. 바로 옆에 카페 & 밀 무지 Café & Meal MUJI가 있어 음료를 마시거나 식사를 할 수 있다.
📍 북관 4F

딘 앤 델루카 DEAN & DELUCA `수입 식료품`
수입품이 가득한 고급 식재료 셀렉트 숍. 다양한 치즈와 와인, 차와 잼 등 종류가 고르기 힘들 만큼 가득하다. 요리를 좋아한다면 그냥 지나칠 수 없는 매력적인 곳이다. 매장 한쪽에는 간단한 음식을 먹을 수 있는 카페가 있다.
📍 우메키타 광장 うめきた広場 B1F

빔스 하우스 BEAMS HOUSE `패션`
일본 대표 편집 숍 빔스가 2002년 선보인 성인 타깃 고급 라인으로, 세련되고 품격 있는 스타일을 제안하는 콘셉트 숍이다. 시크하면서도 우아한 남성 및 여성 의류와 잡화, 액세서리 등을 만나볼 수 있다.
📍 남관 2F

SPECIAL PAGE
UMEDA

루쿠아 LUCUA osaka 쇼핑몰

젊은 층에게 인기 있는 쇼핑몰로 패션, 인테리어, 캐릭터 숍 등 다양한 카테고리의 숍들이 입점해 있다. 동관 루쿠아 LUCUA와 서관 루쿠아 이레 LUCUA 1100로 나뉘며 지하층과 1~3층, 5층과 7층에 연결 통로가 있어 쉽게 이동할 수 있다.

- JR오사카 JR大阪역에서 도보 1분
- 숍 10:00-20:30, 레스토랑 11:00-23:00(상점마다 다름), 비정기 휴무
- +816-6151-1111
- 大阪市北区梅田3-1-3

저널 스탠더드 Journal Standard 패션
편안하고 기본이 되는 아이템이 많은 편집 숍으로, 자체 제작 제품은 물론 국내외에서 엄선한 제품들을 만날 수 있다.
- LUCUA 3F

루피시아 LUPICIA 차
세계 각지의 차를 파는 차 전문점. 차는 모두 향을 맡아보고 구입할 수 있는데, 마셔보고 선택하고 싶은 경우 점원에게 말하면 바로 시음을 할 수 있다.
- LUCUA 8F

SPECIAL PAGE · UMEDA

막스 앤 웹 MARKS & WEB `오가닉 화장품`
도쿄에서 탄생한 브랜드로 허브, 오일 등 엄선된 천연 재료를 사용한 바스 용품과 보디·페이스 케어 제품을 판매한다. 화장품 외에 오가닉 코튼 타월, 브러시 등의 제품도 구입할 수 있다.

📍 LUCUA 8F

디즈니 스토어 Disney store `캐릭터`
화이트를 베이스로 하여 마치 공주의 성을 연상시키는 공간으로 인테리어로 된 매장에서는 다양한 디즈니 캐릭터를 만날 수 있다.

📍 LUCUA 1100 5F

프랑프랑 Francfranc `생활 잡화`
라이프 스타일 숍 프랑프랑의 캐널시티 하카타점. 일본 최대 규모로 세련된 디자인의 생활 잡화와 인테리어 소품으로 가득하다.

📍 LUCUA 8F

애프터눈 티 리빙
Afternoon Tea Living `인테리어 소품`
작은 소품 위주의 인테리어 숍으로, 식기 위주의 단품부터 문구류, 목욕 용품, 향기로운 티 등 다양한 아이템이 아기자기한 디자인과 실용성을 두루 갖추고 있다. 이름에 걸맞게 찻잔 세트가 다양한데, 특히 부드러운 파스텔 컬러 위주의 찻잔은 보는 것만으로도 행복해질 정도.

📍 LUCUA 1100 5F

츠타야 蔦屋書店 `서점`
간사이에서 처음으로 오픈한 라이프 스타일형 서점이다. 3970m²(약 1200평)의 공간에 서점과 카페, 잡화점이 함께 있으며 책은 물론, 주방 용품과 생활 잡화 등을 다양하게 갖추고 있어 구경하는 재미도 쏠쏠하다.

📍 LUCUA 1100 9F

SPECIAL PAGE · UMEDA

일본 감성이 묻어나는 나카자키초 中崎町 카페 거리

우메다 옆 동네에 위치한 나카자키초中崎町에는 아기자기한 숍과 카페, 레스토랑이 밀집해 있다. 작은 골목골목 사이에 현대식 건물과 레트로 느낌의 건물이 잘 어우러져 나카자키초만의 특유한 분위기를 자아낸다. 나카자키초 카페 거리는 나카자키초中崎町역 2번 출구에서 시작해 우메다 방향으로 펼쳐진 골목으로 알려져 있지만, 최근에는 널리 분포해 있어 자신의 취향에 맞는 카페, 숍을 찾아가보는 것도 하나의 재미다.

우테나 카페 うてな喫茶店 카페

LP판이 가득한 실내에 멋스러운 재즈 음악이 흐르는 우테나 카페. 사장 혼자 운영하는 카페로 커피(500엔~)를 내릴 때까지 다소 시간이 걸리지만, 그 시간마저 여유롭고 따뜻하게 느껴진다. 간판이 없으므로 외관을 잘 확인하자.

- 📍 지하철 다니마치선谷町線 나카자키초中崎町역 2번 출구에서 도보 2분
- 🕐 12:00-19:00, 화요일, 첫 번째 월요일 휴무
- ☎ +816-6372-1612
- 🏠 大阪府大阪市北区中崎西1-8-23

두쇠르 やさしいスイーツ工房 Douceur 베이커리

단맛보다 재료 본연의 맛을 살린 케이크(700엔~)로 인기 있는 아담한 카페. 1층에서는 주문과 테이크 아웃이 가능하며 좁은 계단을 올라가는 2층에는 총 4개의 테이블이 놓여 있다.

- 📍 지하철 다니마치선谷町線 나카자키초中崎町역 2번 출구에서 도보 2분
- 🕐 13:00-21:00, 월~수요일 휴무
- ☎ +816-6372-1168
- 🏠 大阪府大阪市北区中崎西1-7-36

SPECIAL PAGE
UMEDA

하이쿠 커피 로스터 HAIKU COFFEE ROASTERS 카페

핸드드립 커피를 만날 수 있는 카페로, 에티오피아와 케냐 원두를 직접 로스팅한 커피(550엔~)를 제공한다. 디저트로 바나나 브레드(バナナブレッド, 650엔)와 브라우니(ブラウニー, 450엔)도 인기다.

- 지하철 다니마치선谷町線 나카자키초中崎町역 1번 출구에서 도보 2분
- 11:00-17:00, 수~목요일 휴무
- 大阪府大阪市北区浮田2-4-4

OSA COFFEE 카페

오사카의 공항 코드인 OSA를 이름으로 한 카페로, 커피 잔에 수하물에 붙어 있는 태그 모양의 스티커를 붙여주는 공항 콘셉트 카페다. 나카자키초 카페 거리에서 최근 핫한 카페로 푸딩 위에 큼직한 아이스크림이 토핑 되어 있는 푸딩 아이스 토핑(500엔)이 인기 메뉴. 후쿠오카에 있는 FUK COFFEE의 체인점이다.

- 지하철 다니마치선谷町線 나카자키초中崎町역 2번 출구에서 도보 3분
- 10:00-18:00, 비정기 휴무
- +816-6359-6900
- 大阪府大阪市北区中崎3-3-10

타이요노토우 太陽ノ塔 카페

초록색 문이 인상적인 레트로 분위기의 카페로, 가게에 들어서는 순간 일본 특유의 감성을 느낄 수 있다. 잼으로 그린 화려한 그림 위에 올려주는 케이크(ケーキ, 680엔~)도 유명하지만 오전 11시부터 오후 3시까지 제공되는 런치 메뉴(1200엔)도 인기다.

- 지하철 다니마치선谷町線 나카자키초中崎町역 2번 출구에서 도보 3분
- 09:00-22:00
- +816-6374-3630
- 大阪府大阪市北区中崎2-3-12パイロットビル

베이커리 카페 이세야 ベーかりーかふぇ 伊勢屋 베이커리

맛있는 식빵으로 유명한 베이커리로 토스트와 샌드위치 또한 인기 메뉴다. 그중 달걀이 듬뿍 들어간 다마고샌드(玉子サンド, 600엔)를 추천한다. 가게가 작고 직원이 1명뿐이기 때문에 시간이 다소 걸리므로 시간 여유를 갖고 방문하자.

- 지하철 다니마치선谷町線 나카자키초中崎町역 2번 출구에서 도보 4분
- 10:30-18:00, 화요일 휴무, 비정기 휴무
- +816-6375-3858
- 大阪府大阪市北区中崎西4-1-1

SPECIAL PAGE · UMEDA
기모노 체험

오사카 시립 주택 박물관
大阪くらしの今昔館

19~20세기 오사카 시민의 역사와 문화를 테마로 한 박물관으로 2001년 개관했다. 8층에는 모던 오사카를 테마로 하여 근대 오사카의 모습을 보여주며 9층에는 1830년대 전반 오사카의 거리를 재현해놓았다. 이곳 9층에서는 기모노 체험(여름에는 유카타)을 할 수 있다. 선착순으로 하루에 300명으로 제한되며 금액은 500엔으로 30분 동안 이용할 수 있다. 단, 키 제한이 있어 110cm 이상만 대여를 할 수 있다. 9층에서만 이용할 수 있으나 일본 전통 의상을 입고 영화 세트장같이 만들어놓은 오사카 옛 거리에서 사진을 남기는 것도 색다른 재미다.

- 📍 지하철 다니마치선谷町線, 사카이스지선堺筋線, 한큐 센리선阪急千里線 텐진바시스지 로쿠초메天神橋筋六丁目역 8번 출구 정면에 있는 건물 8층
- 🕐 10:00-17:00, 화요일, 12월 29일~1월 2일 휴관
- ¥ 성인 600엔, 대학생·고등학생 300엔, 중학생 이하 무료
- ☎ +816-6242-1170
- 🏠 大阪府大阪市北区天神橋6-4-20 住まい情報センタービル8F

◆ 기노모 입는 방법 ◆

1. 양팔을 끼워 넣고 옷자락이 여자는 오른쪽, 남자는 왼쪽으로 가도록 입는다.
2. 옷자락을 잡고 허리띠를 허리 부근에서 돌려 감는다.
3. 매듭을 묶어 남자는 앞쪽으로 두고, 여자는 뒤쪽으로 돌려준 후 리본 모양을 잘 잡아준다.
4. 매듭을 묶은 후 윗부분의 자락을 당겨 몸맵시를 정리한다.

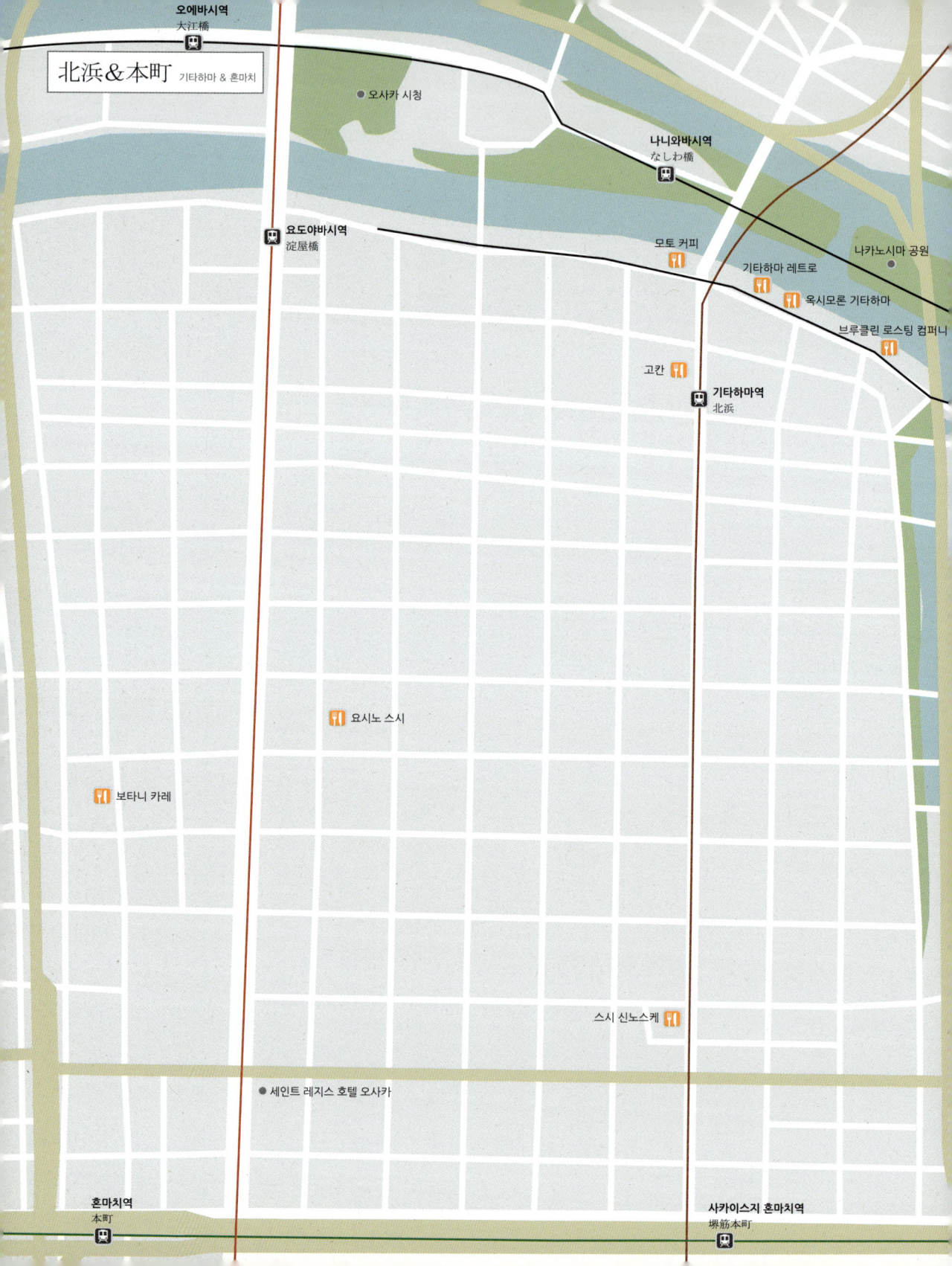

大阪城
오사카 성

오사카 성을 중심으로 푸른 공원과 오피스 타운이 형성된 지역. 오사카의 변천사를 소개하는 박물관과 전 세계 화폐를 전시하는 박물관 등 다양한 볼거리가 모여 있다. 이곳에서는 잠시 쇼핑과 먹거리 투어는 접어두고 오사카의 역사와 문화를 접해보자.

찾아가기

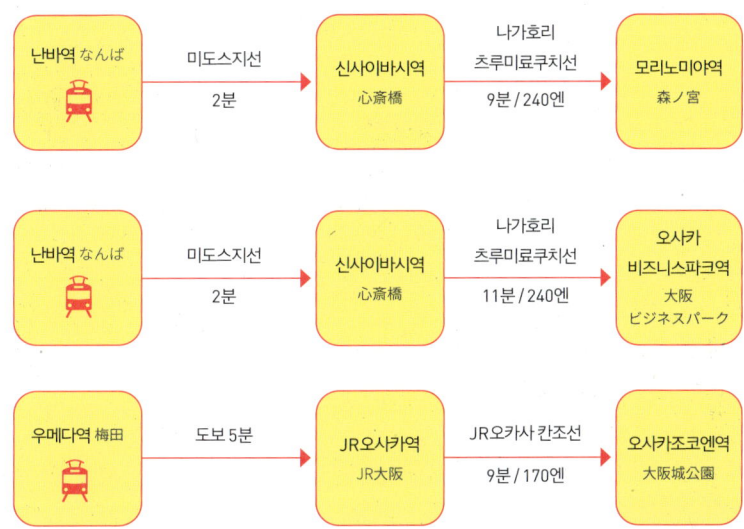

난바역 なんば → 미도스지선 2분 → 신사이바시역 心斎橋 → 나가호리 츠루미료쿠치선 9분 / 240엔 → 모리노미야역 森ノ宮

난바역 なんば → 미도스지선 2분 → 신사이바시역 心斎橋 → 나가호리 츠루미료쿠치선 11분 / 240엔 → 오사카 비즈니스파크역 大阪ビジネスパーク

우메다역 梅田 → 도보 5분 → JR오사카역 JR大阪 → JR오사카 칸조선 9분 / 170엔 → 오사카조코엔역 大阪城公園

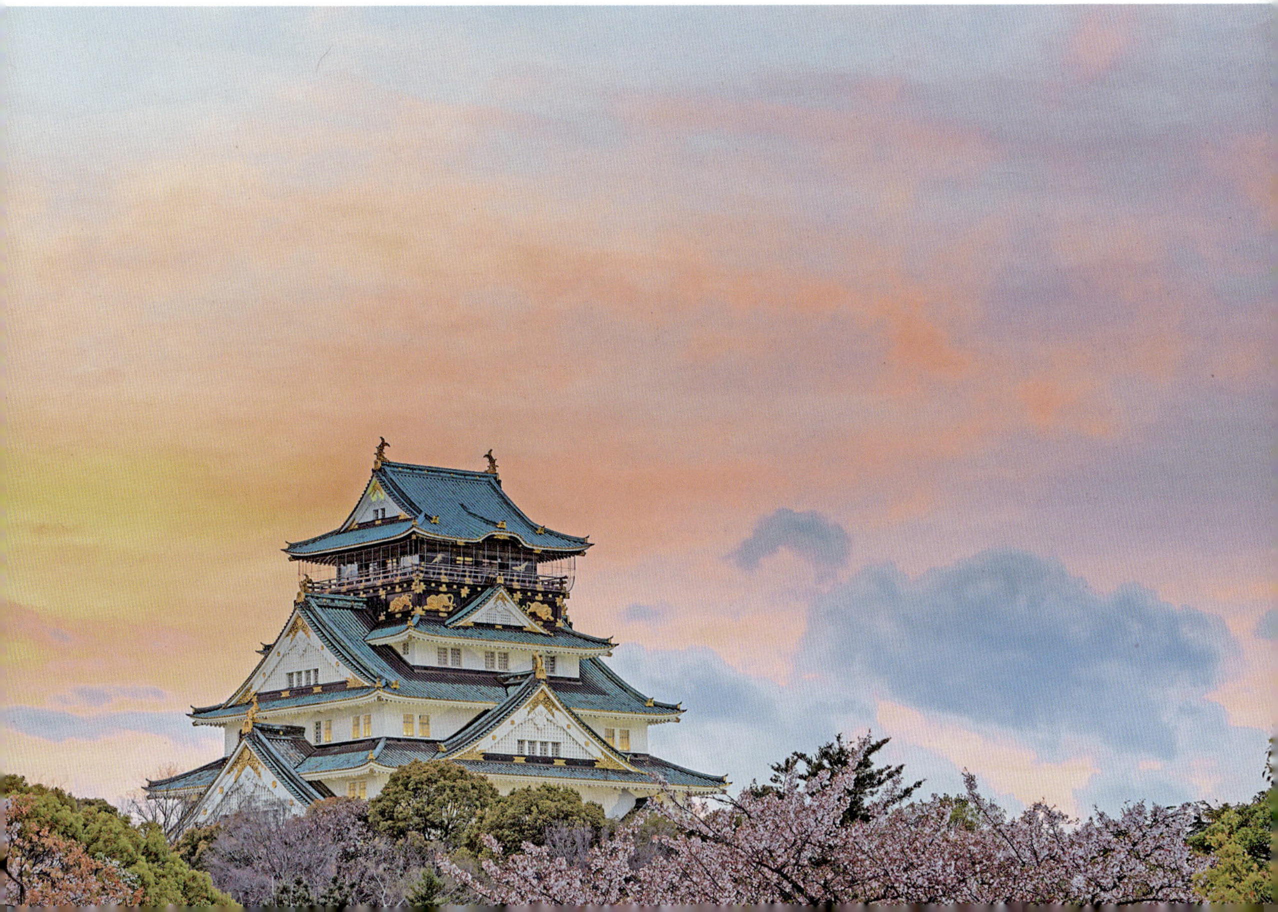

OSAKA CASTLE ──── 大阪城

오사카 성 大阪城 명소

임진왜란을 일으킨 장본인 도요토미 히데요시가 1583년 세운 성으로, 1920년대에는 이곳을 둘러싸는 오사카 공원大阪城公園을 조성해 많은 관광객이 찾는 명소가 되었다.

- 📍 JR오사카 칸조선JR大阪環状線 오사카조코엔大阪城公園역 2번 출구에서 도보 15분 / 지하철 나가호리 츠루미료쿠치선長堀鶴見緑地線 모리노미야森ノ宮역 3-B 출구에서 도보 15분
- 🕘 09:00-17:00, 12월 28일~1월 1일 휴관
- ¥ 천수각天守閣 성인 600엔, 중학생 이하 무료
- ☎ +816-6941-3044
- 🏠 大阪府大阪市中央区大阪城1-1

오사카 역사박물관 大阪歴史博物館 박물관

오사카를 대표하는 역사박물관으로 오사카의 고대부터 현재까지의 역사를 전시하고 있다. 10층 고대 전시실부터 7층 현대 전시실까지 총 4개의 층이 있어, 한 층씩 내려가며 관람하면 오사카를 시대별로 한눈에 볼 수 있다.

- 📍 지하철 다니마치선谷町線 다니마치 욘초메谷町四丁역 2번 출구에서 도보 5분
- 🕘 09:30-17:00, 화요일 휴관, 연말연시(12월 28일~1월 4일) 휴관
- ¥ 성인 600엔, 대학생, 고등학생 400엔, 중학생 이하 무료
- ☎ +816-6946-5728
- 🏠 大阪府大阪市中央区大手前4-1-32

오사카 성 홀 大阪城ホール 공연장

오사카의 아레나 공연장. 1983년 오사카 성 400주년을 기념해 만든 곳이다. 일본의 유명 가수와 우리나라의 위너, 동방신기, 몬스터 X 등 인기 가수가 콘서트를 개최하기도 했다.

- 📍 JR오사카 칸조선JR大阪環状線 오사카조코엔大阪城公園역 2번 출구에서 도보 8분
- 🕘 공연에 따라 다름
- ¥ 공연에 따라 다름
- ☎ +81-570-034-533
- 🏠 大阪府大阪市中央区大阪城3-1

OSAKA CASTLE ———— 大阪城

나니와 궁터 공원 難波宮跡公園 공원

7세기에 세워진 나니와 궁전難波宮은 화재로 전소되어 역사 속으로 사라졌지만, 1953년부터 발굴 작업을 거쳐 궁전 터의 일부를 복원해 공원으로 조성해놓았다.

- 지하철 다니마치선谷町線 다니마치 욘초메町四丁目역 10번 출구에서 도보 2분
- 24시간
- 무료
- +816-6469-3837
- 大阪府大阪市中央区大手前4-6

조폐 박물관 造幣博物館 박물관

일본 재무국에서 운영하는 조폐 박물관. 1911년 지어진 화력발전소를 개조한 레트로풍의 멋스러운 건물이 인상적이다. 박물관에는 일본 화폐의 역사와 세계 화폐를 소개하는 코너 등 다양한 전시물이 소개되고 있다. 특히 조폐 박물관 일대는 벚꽃놀이의 명소로 유명해 벚꽃이 만개하는 3~4월이면 많은 관광객으로 붐빈다.

- JR토자이선JR東西線 오사카조기타즈메大阪城北詰역 3번 출구에서 도보 5분 거리에 있는 사쿠라노미야교桜宮橋를 건너서 왼쪽에 위치
- 09:00-16:45, 세 번째 수요일 휴관
- 무료
- +816-6351-8509
- 大阪府大阪市北区天満1-1-79

오사카 수상 버스 아쿠아라이너
大阪水上バスアクアライナー 유람선

오사카 성大阪城과 나카노시마中之島 일대를 약 40분에 걸쳐 일주하는 유람선. 오사카성 항 - 신오리노바시 - 텐만바시 - 오사카시 중앙공회당 요도야바시 - 난바 바시 - 나카노지마 장미원 - 텐진바시 - 야겐겐하마 선착장 - 오사카성 터널을 거쳐 다시 오사카성 항으로 돌아오는 코스로 물의 도시 오사카를 배를 타고 여유롭게 즐길 수 있다.

- 지하철 나가호리 츠루미료쿠치선長堀鶴見緑地線 오사카 비즈니스파크大阪ビジネスパーク역 1번 출구에서 나와 오사카 성 신교大阪城新橋를 건너서 왼쪽에 위치
- 09:00-17:00
- 아쿠아라이너(40분) 성인 1600엔, 어린이(초등학생) 800엔
- +81-570-035-551
- 大阪府大阪市中央区大阪城3

**SPECIAL PAGE
OSAKA CASTLE**

맛있는 안주에 한 잔~ 유쾌한 분위기에 한 잔~

이자카야 토요 居酒屋 とよ `포장마차`

좁은 골목길에 있어 항상 많은 손님들로 북적이는 포장마차 이자카야 토요. 해산물로 만든 안주가 주력이며, 특히 얼음물에 맨손을 뺏다 넣었다 하며 불 위에서 직접 구워주는 참치 볼살 구이(まぐろホホ肉あぶり, 600엔)가 인기다. 맛뿐만 아니라 사람들의 웃음소리가 떠나지 않는 유쾌한 분위기를 느끼는 것만으로도 이곳을 방문하기에 충분하다. 넷플릭스 다큐멘터리에도 소개되어 많은 외국인 관광객이 찾는 명소가 되었다.

- 📍 JR오사카 칸조선JR大阪環状線, 토자이선東西線, 게이한 본선京阪本線, 지하철 나가호리 츠루미료쿠치선長堀鶴見緑地線 교바시京橋역 북쪽 출구北口에서 도보 2분
- 🕐 13:00-19:00(토요일 12:00-19:00), 월, 목, 일요일 휴무
- ☎ +816-6882-5768
- 🏠 大阪府大阪市都島区東野田町3-2-26

SPECIAL PAGE
OSAKA CASTLE

◆ 이자카야 술 종류 ◆

츄하이(사와) 酎ハイ(サワー)
소주에 차나 탄산, 과일즙을 넣어 희석시킨 도수가 낮은 술로 레몬レモン, 오렌지オレンジ 등 다양한 맛이 있다.

하이볼 ハイボール
위스키에 소다수를 혼합해 청량감을 더한 알코올 도수가 낮은 칵테일. 산토리サントリー의 카쿠 하이볼角ハイボール이 가장 유명하다.

우메슈 梅酒
달콤한 매실주로, 얼음만 넣는 록ロック, 탄산수를 섞는 소다와리ソーダ割り, 물을 섞는 미즈와리水割り의 방식으로 마신다.

소주 焼酎
고구마, 보리, 메밀 등을 증류하여 만드는 술로, 알코올 도수가 25도 이상인 독한 술이 많아 물이나 차를 섞어 마시기도 한다.

맥주 ビール
생맥주(나마비루生ビール)와 병맥주(빙비루瓶ビール)로 부르며 기린, 삿포로, 에비스 등 다양한 브랜드가 있다.

칵테일 カクテル
카시스 오렌지, 카시스 우롱, 카시스 밀크 등 카시스カシス 계열의 칵테일이 많다. 달달한 맛으로 여성들에게 인기를 누리고 있다.

니혼슈 日本酒
쌀을 발효시켜 만든 일본 전통 술로, 재료로 쓰이는 쌀의 도정에 따라 긴조吟醸, 준마이純米, 다이긴조大吟醸로 나뉜다.

◆ 오사카 이자카야 인기 메뉴 BEST 5 ◆

이카야키 いか焼き
달걀 물 반죽에 오징어와 파를 넣고 얇게 구운 일본식 부침개. 달콤하면서 짭조름한 소스를 뿌려 먹는 안주로 맥주와 잘 어울린다.

야키소바 焼きそば
면과 새우, 오징어를 넣어 간장 베이스인 소스와 볶은 면으로 맥주와 잘 어울리는 기본 안주다.

야키교자 焼き餃子
바삭하게 구운 교자 겉면과 돼지고기와 양배추로 만든 육즙 가득한 속이 특징이다.

센마이즈케 千枚漬け
순무를 얇게 썰어 다시마와 식초에 절인 음식. 맛이 깔끔해 니혼슈, 소주와 잘 어울린다.

도테야키 どて焼き
소 힘줄을 일본식 된장미소와 함께 졸여서 만든 요리로 간이 세다. 한국인에게는 호불호가 갈린다.

텐노지

天王寺

화려한 일본의 현대적인 모습을 보여주는 아베노 하루카스, 도심 속 푸른 쉼터 텐노지 공원과 동물원, 오사카의 옛 정취를 담고 있는 서민 감성이 넘쳐나는 츠텐카쿠 일대 등 서로 다른 모습의 오사카가 공존하는 곳이다.

찾아가기

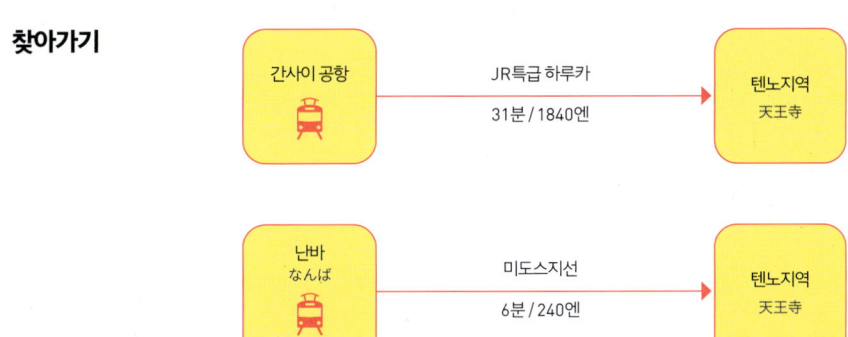

간사이 공항 → JR특급 하루카 31분 / 1840엔 → 텐노지역 天王寺

난바 なんば → 미도스지선 6분 / 240엔 → 텐노지역 天王寺

TENNOJI 天王寺

아베노 하루카스 AVENO HARUKAS `복합 시설`

지상 300m 높이의, 일본에서 가장 높은 건물로 백화점, 오피스, 미술관, 전망대, 특급 호텔이 있는 복합 시설이다. 건물 최상층인 58~60층에 자리한 3층 구조의 전망대 하루카스 300은 일본에서 세 번째로 높은 전망대로, 주변에 고층 빌딩이 없어 탁 트인 전망을 자랑한다. 티켓 카운터가 있는 16층 야외 일본 정원도 들러볼 만하다.

- JR텐노지JR天王寺역 중앙 출구에서 바로 / 지하철 미도스지선御堂筋線 텐노지天王寺역 서쪽 출구에서 바로
- 숍 10:00-20:00, 레스토랑 12~14F 11:00-23:00(상점마다 다름), 비정기 휴무 / 전망대 09:00-22:00, 연중무휴
- 전망대 성인 1500엔, 중고생(12~17세) 1200엔, 초등학생(6~11세) 700엔, 유아(4세 이상) 500엔
- +816-6624-1111
- 大阪府大阪市阿倍野区阿倍野筋1-1-43

텐노지 동물원 天王寺動物園 `동물원`

1915년 오픈해 100년이 넘는 역사를 지닌 도심 속 동물원으로 북극곰, 코알라, 코끼리, 사자 등 180여 종의 동물 1000여 마리를 사육하고 있다. 서식지 환경을 최대한 동일하게 재현해 그곳에서 생활하는 동물들의 자연스러운 모습을 보여주는 '생태적 전시'로 인기를 얻고 있다.

- JR텐노지JR天王寺역 중앙 출구에서 도보 5분 / 지하철 미도스지선御堂筋線, 사카이스지선堺筋線 도부츠엔마에動物園前역 1번 출구에서 도보 7분
- 09:30-17:00(5월, 9월 토~일요일, 공휴일은 18:00까지), 월요일 휴원, 12월 29일~1월 1일 휴원, 임시 휴원일 있음
- 성인 500엔, 초중생 200엔, 미취학 어린이 무료
- +816-6771-8401
- 大阪府大阪市天王寺区茶臼山町1-108

츠텐카쿠 通天閣 `전망대`

1912년 세워진 전체 높이 103m의 전망대로, 일본 최초 엘리베이터를 사용한 건물이라는 역사적 의미를 지니고 있다. 2017년 전면 리뉴얼 후 밤이면 매달 다른 색의 12가지 LED 조명이 화려하게 빛을 발한다. 가장 꼭대기인 94.5m에 있는 특별 옥외 전망대 텐보 파라다이스(추가 요금 발생)에서는 밖으로 나와 직접 바람을 맞으며 오사카 도심 경치를 즐길 수 있다.

- 지하철 사카이스지선堺筋線 에비스초惠美須町역 3번 출구에서 도보 4분 / 지하철 미도스지선御堂筋線, 사카이스지선堺筋線 도부츠엔마에動物園前역 1번 출구에서 도보 7분
- 10:00-20:00(특별 옥외 전망대 10:00-19:50, 연중무휴
- 성인(고등학생 이상) 900엔, 5세 이상~중학생 400엔
  (특별 옥외 전망대 성인 500엔, 5세 이상~중학생 300엔 추가)
- +816-6641-9555
- 大阪府大阪市浪速区恵美須東1-18-6

스파월드 スパワールド世界の大温泉 `테마 온천`

24시간 즐길 수 있는 온천을 테마로 한 오락 시설. 세계 11개국 16종류의 대욕장, 세계 8개국의 암반욕, 일본 최초의 거대 슬라이드 풀 등의 시설이 있다. 전 객실 츠텐카쿠 뷰의 호텔(4~7층)도 함께 있어 숙박도 가능하다.

- 📍 지하철 미도스지선御堂筋線, 사카이스지선堺筋線 도부츠엔마에動物園前역 5번 출구에서 도보 2분 / JR칸조선JR環状線 신이마미야新今宮역 동쪽 출구에서 도보 2분
- 🕐 온천 4·6F 10:00-08:45, 암반욕 3F 10:00-22:00, 풀Pool 8F 평일 10:00-18:30
- ¥ 이용권 1500엔(중학생 이상), 초등학생 이하 1000엔 (온천+풀+수건, 관내복, 샴푸 등 비품 사용료 포함)
  ※ 심야 시간(24:00-05:00) 1300엔 추가
  ※ 암반욕 800엔(토~일요일, 공휴일 1000엔) 추가
- ☎ +816-6631-0001
- 🏠 大阪府大阪市浪速区恵美須東3-4-24

그릴 본 グリル梵 本店 `경양식`

1961년 오픈한 가게로 2대째 이어져 내려오고 있는 경양식 레스토랑이다. 육즙이 가득한 히레카츠 샌드위치(ヒレカツサンド, 2100엔)가 대표 메뉴. 오리지널 특제 소스를 듬뿍 머금은 히레카츠 카레(ヒレカツカレー煮込, 2100엔)도 인기다. 현금 결제만 가능하다.

- 📍 지하철 사카이스지선堺筋線 에비스초恵美須町역 3번 출구에서 도보 3분 / 지하철 미도스지선御堂筋線, 사카이스지선堺筋線 도부츠엔마에動物園前역 5번 출구에서 도보 7분
- 🕐 12:00-14:00, 17:00-20:00, 6일, 16일, 26일 휴무
- ☎ +816-6632-3765
- 🏠 大阪府大阪市浪速区恵美須東1-17-17

와카페 마루후지 和カフェMARUFUJI `카페`

곱게 간 얼음 위에 녹차와 팥을 얹어주는 빙수 우지(宇治, 900엔)가 유명한 일본 디저트 카페. 일본식 떡 당고 3개와 오리지널 녹차가 함께 나오는 마루후지 단고 세트(まるふじだんごセット, 890엔)도 인기다. 타코야키, 피자 맛 등 유니크한 당고도 맛볼 수 있다(당고 3개 세트 540엔).

- 📍 지하철 미도스지선御堂筋線, 다니마치선谷町線, JR선JR線 텐노지天王寺역 공원 출구公園口에서 도보 2분
- 🕐 11:30-21:00, 12월 31일, 1월 1일 휴무
- ☎ +816-6773-0822
- 🏠 大阪府大阪市天王寺区悲田院町8-11(天王寺北口店)

SPECIAL PAGE
TENPOZAN

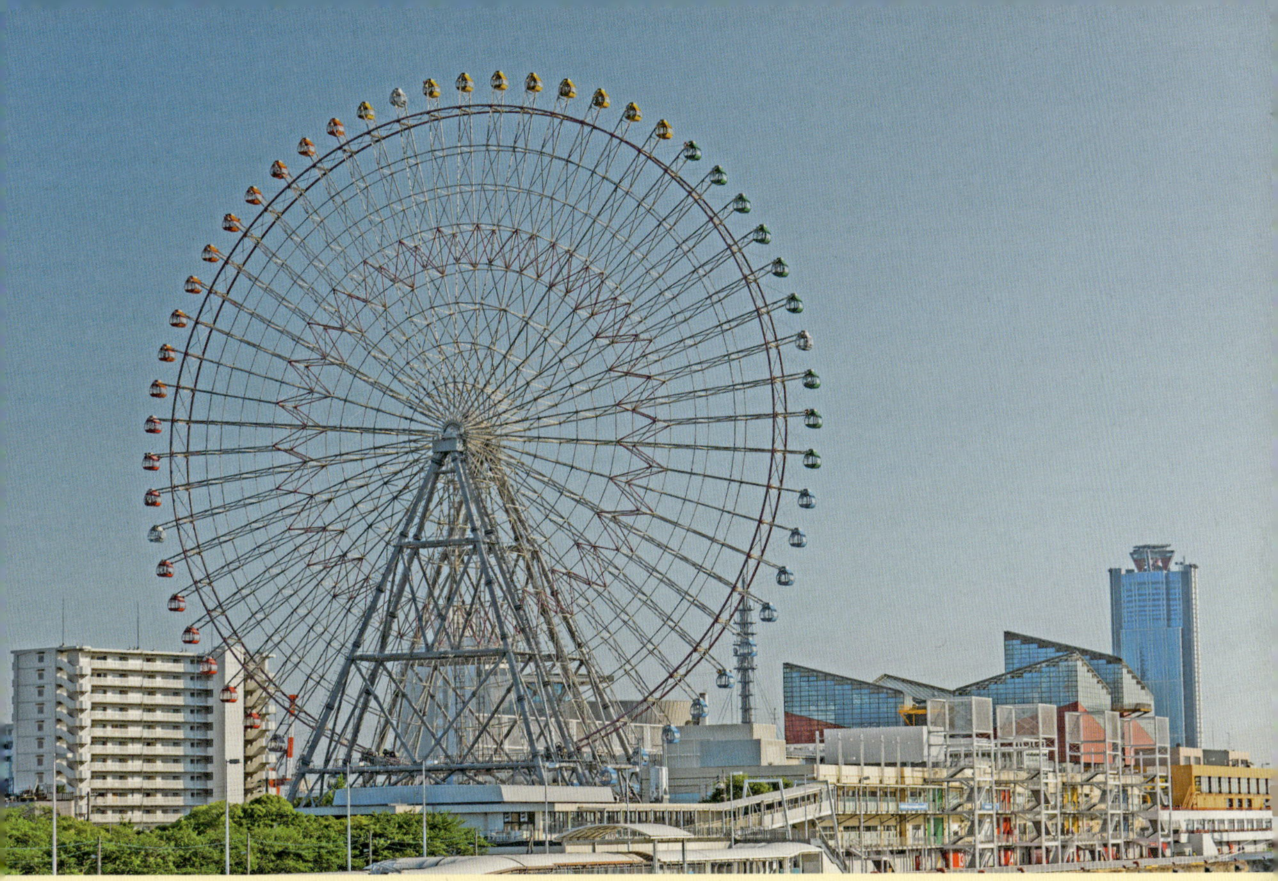

텐포잔 하버 빌리지 TENPOZAN HABOR VILLAGE

세계 최대급 수족관 '가이유칸'을 중심으로 대형 관람차, 레고랜드 디스커버리 센터 오사카, 100개의 숍과 레스토랑이 있는 텐포잔 마켓 플레이스가 모여 있는 복합형 어뮤즈먼트다. 수족관, 관람차, 레고랜드가 한곳에 몰려 있어 온종일 즐길거리가 가득하다.

찾아가기

난바역なんば → 미도스지선 3분 → 혼마치역 本町 → 추오선 12분 / 290엔 → 오사카코역 大阪港

JR오사카역 JR大阪 → JR오사카 칸조선 8분 → 벤텐초역 弁天町 → 추오선 6분 / 410엔 → 오사카코역 大阪港

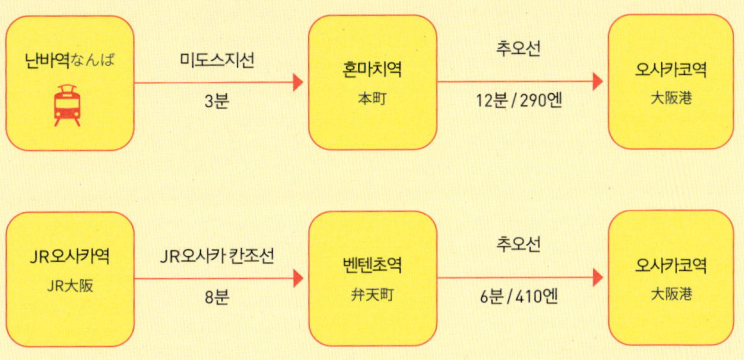

* 오사카코역 1번 출구에서 도보 5분

· SPECIAL PAGE ·
TENPOZAN

텐포잔 마켓 플레이스
天保山マーケットプレイス　복합 시설

'페스티벌 마켓 플레이스'를 콘셉트로 한 복합 시설로 오사카 특산품이나 캐릭터 상품 숍, 패션 숍, 레스토랑 등 약 100개의 점포가 입점해 있다. 레고랜드 디스커버리 센터 오사카, 동물을 직접 만져볼 수 있는 텐포잔 아니파天保山アニパ가 있어 아이들과 함께 즐길거리가 다양하다.

- 쇼핑·푸드 코트 11:00-20:00, 레스토랑 11:00-20:00(시즌별 변동 있음), 비정기 휴무
- +816-6576-5501
- 大阪府大阪市港区海岸通1-1-10

레고랜드 디스커버리 센터 오사카
レゴランド・ディスカバリー・センター大阪　어트랙션

300만 개가 넘는 레고·블록으로 장식된 실내형 레저 시설이다. 레고·블록으로 다양한 모형을 만드는 레고 교실과 레고·레저, 아틀레틱, 유아 대상의 플레이그라운드 등 창의성을 자극하는 체험형 어트랙션이 많이 있다. 성인 단독 입장은 불가하며 15세 이하 어린이는 성인과 동반해야 입장할 수 있다.

- 텐포잔 마켓 플레이스 3F
- 11:00-19:00, 토~일요일, 공휴일 10:00-20:00, 비정기 휴무
- 인터넷 예매 티켓 2200엔부터(현장 구매 티켓 2800엔), 2세 이하 무료
- +8180-100-5346
- 大阪市港区海岸通1-1-10 天保山マーケットプレース3F
- osaka.legolanddiscoverycenter.jp/kr/

나니와 쿠이신보 요코초
なにわ食いしん坊横丁　푸드 테마파크

1960년대의 레트로한 오사카 거리 풍경을 재현한 푸드 테마파크다. 아이즈야의 타코야키, 지유켄의 카레, 쿠시카츠 등 오사카를 대표하는 유명 맛집 20개가 입점해 있다. 오사카의 명물 먹거리를 이곳에서 즐길 수 있다.

- 텐포잔 마켓 플레이스 2F
- 11:00-20:00(시즌에 따라 변동 있음), 비정기 휴무
- +816-6640-3855
- 大阪府大阪市北区大淀中1-1-88 梅田スカイビル

가이유칸
海遊館　수족관

620종, 약 3000점 이상의 해양 생물이 있는 세계 최대 규모의 수족관. 환태평양 바다를 10개 지역으로 나눠 14개의 수조로 재현해놓았으며, 관내 중심의 거대한 태평양 수조에서는 상어가 유유히 헤엄치는 모습도 볼 수 있다. 매일 오전 10시 30분과 오후 3시에 상어에게 먹이 주는 타임도 놓치지 말자.

- 10:00-20:00(시즌에 따라 변동 있음), 비정기 휴무
- 16세 이상 2700엔, 7~15세 1400엔, 4~6세 700엔, 2세 이하 무료
- +816-6576-5501
- 大阪府大阪市港区海岸通1-1-10

SPECIAL PAGE
TENPOZAN

텐포잔 대관람차 天保山大観覧車 관람차

높이 112.5m, 지름 110m의 세계 최대 규모의 관람차로, 한 바퀴 도는 데 15분이 소요된다. 맑은 날에는 아카시해협대교나 간사이 국제공항까지 보이는 파노라마를 즐길 수 있다. 야간 조명은 다음 날 일기예보를 알려주는데, 빨간색은 맑음, 녹색은 흐림, 파란색은 비를 의미한다.

- 🕐 10:00-22:00(시즌에 따라 변동 있음), 비정기 휴무
- ¥ 3세 이상 800엔
- ☎ +816-6576-6222
- 🏠 大阪府大阪市港区海岸通1-1-10

산타마리아 유람선 サンタマリア 유람선

콜럼버스가 신대륙에 도착했을 때 타고 있던 산타마리아호를 약 2배 크기로 복원한 범선형 관광선. 45분 코스의 데이크루즈가 있으며(예약제), 바다 위에서 베이 에어리어 일대와 오사카 도심 풍경을 동시에 즐길 수 있다.

- 🕐 11:00-16:00(시즌에 따라 시간 변동) 연중무휴
- ¥ 데이 크루즈 성인 1600엔, 어린이 800엔
- ☎ +816-6640-3855
- 🏠 大阪府大阪市北区大淀中1-1-88 梅田スカイビル

TRAVEL INFO OSAKA

한눈에 보는 오사카 기본 정보

지리

본섬의 중서부 지역인 관서 지방近畿地方 중심부에 위치. 교토, 나라현, 고베, 와카야마현과 접하고 있다.

날씨

사계절이 있으나 연중 비교적 온화한 기온을 유지한다. 봄은 3~5월이며 6월 하순~7월 중순은 장마 기간으로 비가 자주 오고 습도가 높다. 장마가 끝나면 8월까지 본격적인 무더위가 이어지며 최고 기온이 35℃에 이른다. 9월까지는 늦여름으로 기온이 높으며 가을은 10~11월로 이때가 여행하기 가장 좋은 시기다. 12~2월은 겨울이지만 최저기온이 영하로 내려가는 일이 거의 없고 눈도 오지 않는다.

인터넷

현지에서 무선 인터넷을 이용하려면 와이파이Wi-Fi 단말기(포켓 와이파이)를 대여하거나 유심 칩을 구매하는 것이 편리하다. 그 밖에 무료 와이파이 애플리케이션 KANSAI Wi-Fi(Official)나 Japan Connected-free Wi-Fi를 다운로드하여 이용하는 방법도 있다.

시차

한국과의 시차는 없다.

비자

90일 이내 단기 체류는 비자가 필요 없다.

물가

생수 500㎖ 100~140엔, 오사카 지하철 1구간 190엔, 택시비 기본요금 소형 680엔(중형 700엔)

환전

우리나라의 시중 은행, 공항 내 환전 은행, 인터넷 및 모바일에서 미리 환전하는 것을 추천한다. 현지에서 환전할 경우 간사이 공항 환전소와 시내 대형 은행 창구와 환전 전문점, 우체국과 유초은행을 이용하는 방법이 있다.

비행시간

서울 직항편 기준 1시간 45분~2시간

통화

통화 단위는 엔(¥) 약 905원, 2023년 6월 기준

전압

100V, 50~60Hz, 돼지코라고 불리는 어댑터를 준비해야 한다.

현금 및 신용카드

오사카 여행 하루 예상 경비는 5000~6000엔 정도. 대형 쇼핑몰이나 백화점에서는 신용카드를 사용할 수 있지만, 시내의 소규모 가게나 근교 소도시에서는 신용카드 결제가 안 되는 곳이 많으므로 현금을 넉넉히 준비하는 것이 좋다.

공휴일

국경일이 일요일과 겹칠 때는 다음 월요일이 공휴일이 된다. 12월 29일~1월 3일에 관공청 및 기업은 업무를 하지 않는다.

1월 1일	정월 초하루	5월 3일	헌법기념일	9월 셋째 월요일	경로의 날
1월 둘째 월요일	성인의 날	5월 4일	녹색의 날	9월 23일(혹은 24일)	추분
2월 11일	건국기념일	5월 5일	어린이날	10월 둘째 월요일	체육의 날
2월 23일	천황탄신일	7월 셋째 월요일	바다의 날	11월 3일	문화의 날
3월 20일(혹은 21일)	춘분	8월 11일	산의 날	11월 23일	근로 감사의 날
4월 29일	쇼와의 날				

오사카 여행 실용 정보

연중 기온과 강수량

월	1월	2월	3월	4월	5월	6월	7월	8월	9월	10월	11월	12월
최고기온(℃)	9.5	10.2	13.7	19.9	24.5	27.8	31.6	33.4	29.3	23.3	17.6	12.3
평균기온(℃)	6.0	6.3	9.4	15.1	19.7	23.5	27.4	28.8	25.0	19.0	13.6	8.6
최저기온(℃)	2.8	2.9	5.6	10.7	15.6	20.0	24.3	25.4	21.7	15.5	9.9	5.1
강수량(mm)	45.4	61.7	104.2	103.8	145.5	184.5	157.0	90.9	160.7	112.3	69.3	43.8

TIP 일본 기상 협회　tenki.jp
　　　일본 기상청　　www.jma.go.jp

영업시간

은행 평일 09:00-15:00, 주말 및 공휴일 휴무
우체국 평일 09:00-17:00, 주말 및 공휴일 휴무
백화점 평일, 주말 및 공휴일 10:00-19:30
박물관/미술관 평일 10:00-17:00(대부분 월요일이 휴무)

현지 연락처

· **주 오사카 대한민국 총영사관**
🕐 월~금요일 09:00~17:00
☎ +816-4256-2345 (업무시간 외 +81-90-3050-0745)
🏠 大阪府大阪市中央区久太郎町2-5-13五味ビル
@ http://overseas.mofa.go.kr/jp-osaka-ko/index.do

· **오사카 시 콜 센터**
여행 시 어려운 일이 있거나 문의 사항이 생겼을 때 도와주는 콜 센터로 일본어 외에 한국어, 영어 등으로 대응이 가능하다.
🕐 07:00~23:00
☎ 스마트폰으로 URL 접속 ofw-oer.com/call/

· **구급차, 화재 119 / 경찰 110**

알아두면 좋을 간단 여행 TIP

1. 현금 준비
상점 및 음식점 등에서 카드 결제가 안 되는 곳이 많으니 충분한 현금을 준비하자. 현금이 부족할 경우엔 편의점이나 우체국에 있는 ATM에서 현금을 인출할 수 있다(해외 사용 가능 카드에 한함).

2. 아케이드 이동
오사카 지역에는 아케이드 상점가가 많이 분포되어 있다. 비가 올 경우 아케이드로 이동하면 편리하나 워낙 넓고 길다 보니 길을 잃기 쉽다. 꼭 지도나 앱을 이용해 목적지를 체크해두자.

3. 팁 문화
일본에서는 식당이나 택시를 이용할 때 팁을 지불하는 문화가 없다. 다만 금액에 소비세가 포함되어 있지 않는 곳도 있어 계산할 때 금액이 추가되기도 한다. 주문 전 소비세 포함 여부를 확인하자.

4. 철도 노선
오사카 난바나 우메다 지역은 지하철 JR 난카이 등 많은 철도 노선이 지나는 곳이다. 각각 탑승하는 플랫폼이나 출구가 다르니 목적지에 맞는 기차 노선과 출구를 잘 확인하여 이용하도록 하자.

5. 자리 착석 에티켓
레스토랑이나 카페에서 빈자리가 보인다고 해도 바로 가서 앉기보다는 잠시 대기한 후 직원의 안내를 받아 자리에 앉도록 하자.

6. 레스토랑 라스트 오더
대부분의 레스토랑에서는 마지막 주문을 폐점 시간 30분~1시간 전에 받는다. 그 후에는 주문이 어려울 뿐더러 입장도 불가하다. 오픈 시간을 확인한 후 폐점 1~2시간 전에는 입장하도록 하자.

7. 일본의 택시
자동으로 뒷좌석 도어가 열리고 닫힌다. 대부분의 드라이버는 짐을 싣고 내릴 때 도와주므로 트렁크를 이용할 때는 승차 시에 부탁하자. 요금 외에 팁은 따로 필요 없다.

여행 시 유용한 스마트폰 앱 APP

구글 지도 Google map

220개 국가와 지역을 아우르는 정확한 지도 앱. 최적의 경로 검색 및 즐겨찾기 장소 표시, 오프라인 지도 다운로드 가능

네이버 파파고 Papago

10개 국어 통역, 번역 애플리케이션. 이미지를 촬영해 번역도 가능

VoiceTra (NICT)

일어, 영어, 한국어 등 22개 언어로 음성 입력이 가능한 번역 애플리케이션

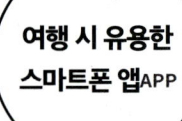
Norikae Annai -Japan Transit-

일본 국내의 철도, 비행기를 이용한 경로를 검색하는 어플리케이션

여행 시 유용한 간단 일본어

호텔에서

チェックインお願いします
첵쿠인 오네가이시마스
체크인 부탁합니다

荷物は預けられますか?
니모츠와 아즈케라레마스까?
짐은 맡길 수 있습니까? (체크인 전이나 후에)

여행 중에

(행선지 이름)は、どこですか? -와 도코데스까?
(행선지 이름)은 어디입니까?

(행선지 이름)に、行きたいです -니 이끼타이데스
(행선지 이름)에 가고 싶습니다

まっすぐ 맛스구 / 右 미기 / 左 히다리
쭉, 곧장 / 오른쪽 / 왼쪽

(행선지 이름)まで、お願いします
-마데, 오네가이시마스
(행선지 이름)까지 부탁드립니다 (택시에서)

これは、(행선지 이름)に行きますか?
코레와, -니 이키마스까?
이것은 (행선지 이름)에 갑니까? (버스, 열차에서)

기본

おはようございます 오하요우고자이마스
안녕하세요 (아침 인사)

こんにちわ 곤니치와 / こんばんは 곤방와
점심 인사 / 저녁 인사

では、また 데와, 마타
그럼 안녕히 계세요

ありがとうございます 아리가토우고자이마스
감사합니다

すみません 스미마셍
실례합니다, 죄송합니다

はい/いいえ 하이 / 이이에
네 / 아니요

分かりません 와카리마셍
모르겠습니다

ごちそう様 고치소우사마
잘 먹었습니다

トイレはどこですか 토이레와 도코데스까
화장실은 어디입니까?

韓国語が分かる人、いますか?
칸코쿠고가 와카루 히토, 이마스까?
한국어가 가능한 사람 있습니까?

레스토랑에서

2人です 후타리데스
2명입니다
* 1人 히토리 1명 / 3人 산닝 3명 / 4人 요닝 4명

韓国語のメニューありますか?
칸코쿠고노 메뉴 아리마스까?
한국어 메뉴 있나요?

韓国語のメニューをください
칸코쿠고노 메뉴 오 쿠다사이
한국어 메뉴 주세요

これ下さい 고레 쿠다사이
(메뉴판을 가리키면서) 이것 주세요
* 1つ 히토츠 1개 / 2つ 후타츠 2개 / 3つ 밋츠 3개 / 4つ 욧츠 4개

オススメは、何ですか? 오스스메와 난데스까?
추천 메뉴는 무엇입니까?

お会計、お願いします 오카이케이 오네가이시마스
계산 해주세요, 계산 부탁드립니다

쇼핑할 때

これ、24ありますか? 고레, 니주욘 아리마스까?
이것, 240 사이즈 있습니까? (신발 살 때)
* 일본은 신발 사이즈를 mm 단위가 아닌 cm 단위로 이야기한다. 230은 23 니주산, 235는 23.5 니주산텐고, 245는 24.5 니주욘텐고

これ、Mサイズはありますか
고레, 에무사이즈와 아리마쓰까?
M 사이즈가 있습니까?
* 옷 사이즈는 S, M, L 로 읽을 때는 S 에스 또는 스모루, M 에무 또는 미디아무, L 에루 또는 라지로 읽는다.

試着してもいいですか? 시차쿠시테모 이이데스까?
입어봐도 되겠습니까?

おいくらですか? 오이꾸라데스까?
얼마입니까?

免税、できますか? 멘제이, 데끼마스까?
면세가 가능합니까?

これでお願いします 고레데 오네가이시마스
이것으로 주세요 / 이걸로 하겠습니다

カードでお願いします 카도데 오네가이시마스
카드로 결제 부탁합니다

공항에서 도심으로 이동하기

공항에서 오사카 시내로 이동할 때 교통수단도 여러 가지이며 요금도 다양하다. 목적지에 따라 소요 시간과 요금을 확인하고 나에게 맞는 교통수단을 선택하는 것이 중요하다.

공항에서 도심 주요 지역까지 요금 및 소요 시간

지역	행선지	교통수단	소요시간	요금
난바	난카이 난바역	난카이 공항 급행	43분	930엔
		난카이 특급 라피트	35~39분	1450엔
	난바역	택시	95분	1만 4860엔
오사카·우메다	JR오사카	JR칸쿠 쾌속	63분	1210엔
	JR신오사카	JR특급 하루카	48분	2410엔
	하비스 오사카(오사카역)	리무진 버스	70분	1600엔
텐노지	JR텐노지역	JR칸쿠 쾌속	47분	1080엔
		JR특급 하루카	31분	1840엔
	아베노 하루카스(텐노지역)			
베이 에어리어	유니버설 스튜디오 재팬	리무진 버스	70분	1600엔

난카이선
공항에서 난바 지역으로 이동할 경우 가장 빠르고 저렴한 교통수단이다. 열차는 공항 급행과 특급 라피트로 구분되는데, 공항 급행은 우리나라 일반 지하철이라고 생각하면 된다. 이에 반해 특급 라피트는 전 석 지정석으로 난바까지 가장 빠르게 이동한다.

리무진
이동 시간이 가장 많이 소요되지만 가장 편한 교통수단이라고 할 수 있다. 출국장을 나오면 바로 티켓 카운터가 보이고 호텔이나 주요 시설, 역 앞에 바로 내려주므로 짐이 많아 전철을 타기 부담스러울 경우 이용하면 좋다. 유니버설 스튜디오 재팬을 갈 때는 여러 번 환승해야 하는 전철보다 편리하다.

JR선
요금은 리무진 버스나 난카이 전철에 비해 다소 비싼 편이지만 오사카·우메다 및 교토 지역으로 이동할 때 편리하다. 칸쿠 쾌속과 특급 하루카 2종류의 열차를 공항에서 이용할 수 있지만 정차 역이 조금씩 다르기 때문에 행선지에 따라 잘 선택해야 한다.

공항에서 공항역으로 이동하기
간사이 공항은 공항 건물과 공항역 건물이 떨어져 있기 때문에 처음 이용하는 사람은 다소 혼란스러울 수 있다.
표지판을 잘 확인하고 공항역으로 이동하면 된다.
출국장으로 나온다.
→ 난카이 전철, JR선 표지판을 따라 에스컬레이터를 이용, 2층으로 올라간다.
→ 연결 다리를 건너 공항역으로 이동한다.
→ 난카이선을 이용하려면 빨간색 간판의 난카이선 티켓 창구 및 승강장으로 이동한다.

유용한 패스 및 승차권

간사이 쓰루 패스 KANSAI THRU PASS

오사카, 교토, 고베는 물론 나라, 와카야마, 히메지까지 간사이 전 지역의 지하철, JR 이외의 전철, 버스를 자유롭게 이용할 수 있는 패스. 2일권과 3일권이 있으며 2종류 모두 연속 혹은 비연속 사용이 가능하다.

요금

패스 종류	성인	어린이(초등학생)
2일권	4480엔	2240엔
3일권	5600엔	2800엔

TIP 오사카와 교토, 고베, 나라 등 최소 2곳 이상 여행할 계획이라면 경제적이다.

판매처
한국 내 취급 여행사, 간사이 국제공항 1층 관광 안내소, 난카이 전철 간사이 공항역 창구, 난바 관광 안내소, 오사카역 관광 안내소, 우메다역 한큐 관광 안내소 등

유의 사항
1 이용 불가 : 전 JR 노선, 공항 리무진 버스, USJ 셔틀버스 등
2 긴테쓰, 난카이, 게이한 전차, 센보쿠 고속철도의 지정석 특급열차 이용 시 추가 요금 발생
3 실물 티켓이므로 별도의 티켓 교환이 필요 없다.
4 티켓 개시일로부터 유효기간 내에 연속, 비연속 사용이 가능하다.

오사카 주유 패스 OSAKA AMAZING PASS

오사카 지하철 · 오사카 시티 버스(일부 노선 제외) · 주요 오사카 시내 지역의 한큐, 한신, 게이한, 긴테쓰, 난카이 전철을 자유롭게 이용할 수 있는 패스. 패스 소지자는 주요 관광 명소를 무료 혹은 할인된 금액으로 이용할 수 있다.

요금
1일권 2800엔, 2일권 3600엔

TIP 하루에 3번 이상의 지하철 혹은 버스 이용 및 3곳 이상의 관광시설 입장 시 경제적이다. 2일권은 연속으로 이틀을 사용해야 하므로 일정에 맞춰 개시일을 선택해야 한다.

판매처
한국 내 취급 여행사, 간사이 국제공항 1층 관광 안내소, 난바 관광 안내소, 오사카역 관광 안내소, 우메다역 한큐 관광 안내소, 오사카 시내 모든 지하철역 등

유의 사항
1 이용 불가 : 전 JR 노선, 난카이 특급열차, 간사이 공항~사카이역 구간 난카이 전철
2 무료 입장 및 특전 이용 방법
시설 창구에서 카드 승차권을 제시하면 약 40개 이상의 시설을 각 시설 1회에 한해 무료로 이용 가능.
3 실물 티켓이므로 별도의 티켓 교환이 필요 없다.

라피트 할인 티켓 Rapit Economy Ticket

간사이 공항~난바역 구간의 1450엔짜리 편도 라피트 승차권(레귤러 시트)을 약 24% 할인된 가격으로 이용할 수 있는 라피트 할인 티켓이다.

요금
1100엔(간사이공항역~덴가차야, 신이마미야, 난바 편도)

유의 사항
1. 일본 현지에서는 구입할 수 없으므로, 한국에서 미리 구입해야 한다.
2. QR코드가 포함된 교환권을 지정된 창구에서 승차권과 특급권으로 교환해야 한다.
   티켓 교환처: 난카이 전철 간사이공항(티켓 오피스, 티켓 인포메이션), 난바역 (2F 서비스 카운터, 3F 티켓 카운터), 신이마미야역, 덴가차야역
3. 원하는 시간에 라피트가 만석일 경우도 있으므로, 왕복티켓인 경우 공항으로 돌아오는 편은 티켓 교환하면서 미리 예약해 두는 것이 좋다.

판매처
한국 내 취급 여행사, www.howto-osaka.com/kr/ticket/web-rapiteconomy/

편도 타입
간사이 공항, 오사카, 신오사카, 덴노지, JR 난바, 닛폰여행 TiS 오사카

TIP 호텔이 난바 지역에 있어서 난바까지 라피트를 이용할 때 이득이다.

ICOCA & HARUKA ICOCA & HARUKA

간사이 지역의 JR, 지하철, 사철, 버스, 쇼핑 등에 사용할 수 있는 IC카드 'ICOCA'(구입시 1,500엔&보증금 500엔이 충전되어 있음)와, 간사이공항에서 덴노지, 오사카, 신오사카, 교토를 직결하는 특급 '하루카'의 세트 할인 티켓이다.

요금
공항~텐노지 편도 3200엔, 왕복 4400엔(하루카 할인티켓만 구입 시 편도 1200엔, 왕복 2400엔), 공항~오사카 편도 3600엔, 왕복 5200엔(하루카 할인티켓만 구입시 편도 1600엔, 왕복 3200엔)

유의 사항
1. 유효기간은 편도타입은 1일, 왕복타입은 14일이다.
2. 어린이용은 없으며, 특급열차 하루카 이용을 원할 시 12세 미만 어린이들은 간사이 패스 1일권(1200)을 구입해야 한다.
3. 인터넷으로 구입했을 경우 위 판매처 역의 미도리노마도구치미도리의 窓口에서 실물 티켓으로 교환해야 한다.
4. ICOCA로고가 있는 IC카드를 가지고 있다면, 하루카 할인권만 구입 가능하다. 이때 ICOCA 카드를 소지하고 있어야 한다.

판매처
www.westjr.co.jp/global/kr/ticket/,

왕복타입 및 공항 출발 편도 타입
간사이 공항

편도 타입
간사이 공항, 오사카, 신오사카, 덴노지, JR 난바, 닛폰여행 TiS 오사카

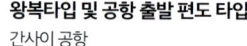

TIP IC카드 ICOCA 구입 없이 하루카만 이용하길 원한다면 간사이 패스 1일권(2400엔)을 구입하면 된다.

편리한 충전식 교통 카드 IC CARD

일정이 짧아 여러 군데 이동하지 않고, 매번 티켓을 구입하기 번거롭다면 우리나라의 충전식 교통 카드와 똑같은 IC CARD를 이용하는 것이 편리하다. 간사이에서는 JR니시니혼에서 발행한 ICOCA(이코카)가 가장 많이 사용된다. 도쿄 여행 때 사용하던 SUICA(스이카), PASMO(파스모)도 이용할 수 있다.

이용 방법
1. 최초 구입 시 요금은 2000엔(사용 가능 금액 1500엔, 보증금 500엔)이며 이후 원하는 금액만큼 충전해 사용할 수 있다.
2. 충전은 각 역 티켓 자동 발매기, 편의점에서 1000엔 단위로 할 수 있다.
3. 지하철, JR, 전철, 버스에서 모두 사용할 수 있다.
4. 유효기간은 최초 사용일로부터 10년이다.
5. 환불은 간사이 공항역 JR티켓 카운터, 오사카, 교토, 고베역 등 JR서일본역의 미도리노 마도구치미도리의 窓口에서 받을 수 있다. 보증금 500엔과 잔액에서 수수료 220엔을 제한 나머지 금액을 환불받을 수 있다.

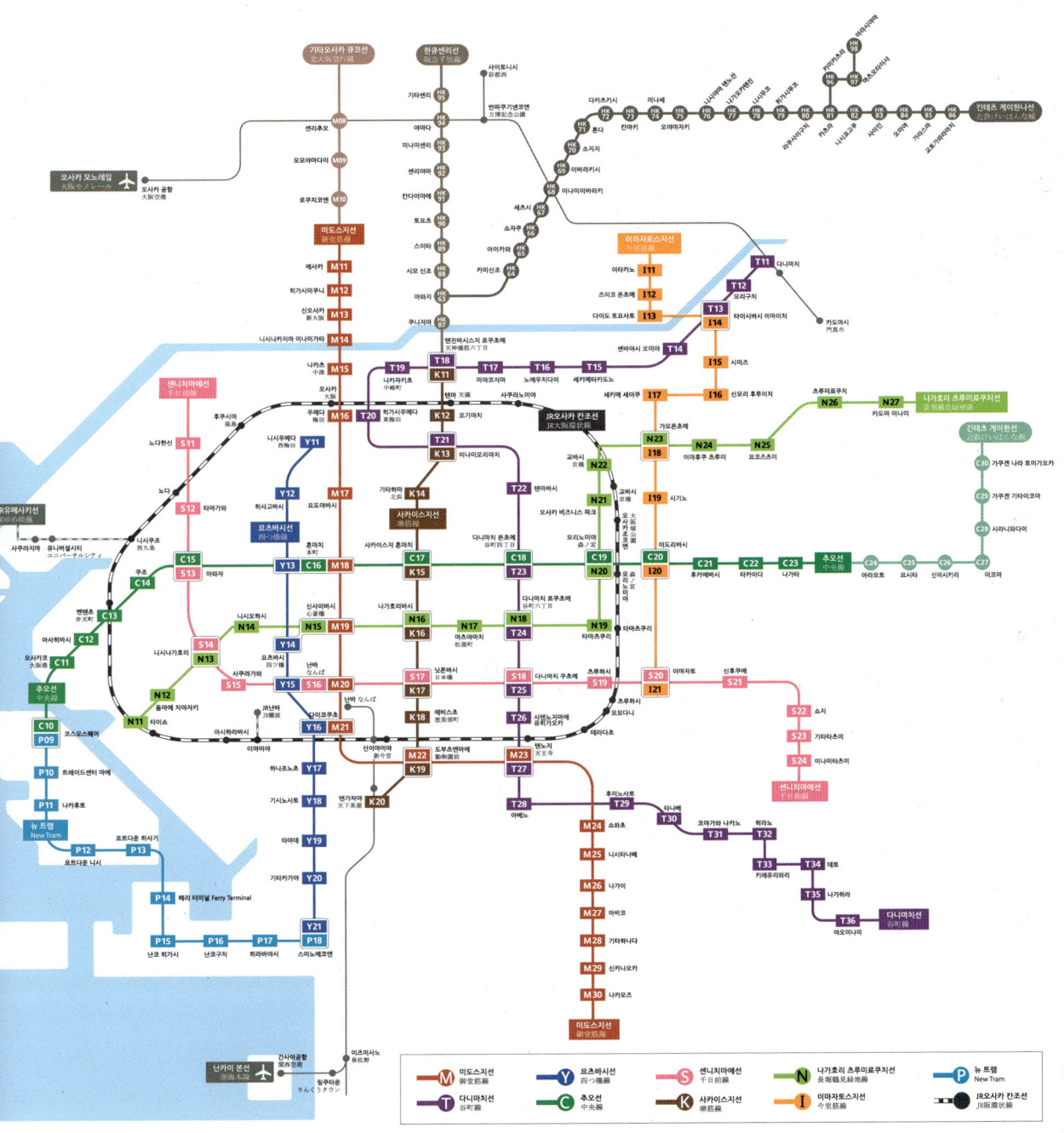

오사카, 누리기만 하세요.

전용 차량과 단독가이드, 료칸 예약까지
번거로운 여행준비는 샬레에 맡기고
여행의 온갖 즐거움이 가득한 오사카, 누리기만 하세요.

샬레트래블 무크

OSAKA

오사카

초판 발행 2023.08.01

글 | 손경아, 이진영

사진 | 정소현, 강승희

펴낸곳 | ㈜샬레트래블앤라이프

펴낸이 | 강승희 강승일

출판등록 | 제 313-2009-66

주소 | 서울시 마포구 서교동 어울마당로 5길 26. 1~5F

전화 | 02-323-1280

판매 & 내용 문의 | 02-323-1280

travelbook@chalettravel.kr

디자인 | 말리북

지도 일러스트 | 김선애

ISBN 979-11-88652-28-0(93910)

정가 14,000원

CHALET Travel Mook는 ㈜샬레트래블앤라이프의 출판브랜드입니다.

이 책의 저작권은 저작권법에 보호받는 저작물이므로 무단 전재와 무단 복제를 금합니다.
잘못된 책은 구입하신 곳에서 교환해 드립니다.

www.chalettravel.kr